MARCO POLO

KLEINE ANTILLEN

Reiseführer mit Insider-Tips

W0461262

*Fünf Symbole sollen Ihnen
die Orientierung in diesem Führer erleichtern:*

★

für Marco-Polo-Tips – die besten in jeder Kategorie

für alle Objekte, bei denen Sie auch eine schöne Aussicht haben

für Plätze, wo Sie bestimmt viele Einheimische treffen

für Treffpunkte für junge Leute

*(A 1)
Koordinaten für die Übersichtskarte*

Diesen Führer schrieben die Reisejournalisten Irmeli Tonollo und Michael Auwers, die beide die Karibik von verschiedenen Aufenthalten und Studienreisen her kennen.
Die Marco-Polo-Reihe wird herausgegeben von Ferdinand Ranft.

MAIRS GEOGRAPHISCHER VERLAG

MARCO POLO

Für Ihre nächste Reise gibt es die nachstehend aufgeführten Titel dieser Reihe:

Ägypten	Fuerteventura	Kreta	Sardinien
Algarve	Gran Canaria	London	Schottland
Amsterdam	Griech. Inseln/Äg.	Madrid	Schweden
Andalusien	Hamburg	Mallorca	Schweiz
Athen	Hongkong	Malta	Sizilien
Australien	Ibiza/Formentera	Marokko	Spanien
Barcelona	Irland	Mexiko	St. Petersburg
Berlin	Israel	Moskau	Südafrika
Bodensee	Istanbul	München	Südtirol
Brasilien/Rio	Ital. Adria	New York	Sylt
Brüssel	Ital. Riviera	Ostseeküste	Teneriffa
Budapest	Japan	Schl. Holst.	Thailand
Capri	Jugoslaw. Küste	Paris	Toskana
China	Kalifornien	Peking	Tschechoslowakei
Côte d'Azur	Kanada	Polen	Tunesien
Deutschland · Ost	Karibik:	Portugal	Türkei
Dresden	Gr. Antillen	Prag	Ungarn
Elsaß	Karibik:	Provence	USA: Neuengland
Florenz	Kl. Antillen	Rhodos	Venedig
Florida	Kenia	Rom	Wien
Frankreich	Korsika	San Francisco	Zypern

An unsere Leserinnen und Leser:
Die Marco-Polo-Redaktion freut sich, wenn Sie ihr schreiben.
Vor allem interessieren uns Berichtigungen und Ergänzungsvorschläge und natürlich möchten wir gern wissen, was Ihnen an diesem Band besonders gefallen hat.
Marco-Polo-Redaktion, Mairs Geographischer Verlag
Postfach 31 51, D-7302 Ostfildern 4

Unsere Marco-Polo-Autoren haben nach bestem Wissen recherchiert. Trotzdem können sich manchmal Fehler einschleichen. Deswegen kann der Verlag für die Angaben keine Haftung übernehmen.

Titelbild: St. Lucia, Soufriere & Piton (Focus/Bishop)
Fotos: Apis (9, 38, 54); Creutzmann/Gielen (48); Gill (innere Umschlagseite vorne); Mauritius/CVT (60); Mauritius/Fischer (80); Mauritius/GFP (26); Mauritius/Henle (87); Mauritius/Photo Bank (10, 20); Mauritius/Schwarz (17); Mauritius/Steigenberger (18); Mauritius/Torino (52, 57, 67, 74, 96); Mauritius/Vidler (22, 30); Transglobe Detering (53); Transglobe/Wood (12, 41, 70, 79, 83)

1. Auflage 1992
© Mairs Geographischer Verlag, Ostfildern
Gestaltung: Thienhaus/Wippermann (Büro Hamburg)
Kartographie: Mairs Geographischer Verlag
Druck: Pesch Offsetdruck, Grafenberg

Der Name Marco Polo ist als Warenzeichen geschützt und beim Deutschen Patentamt unter der Nummer 1097099 eingetragen.

Printed in Germany
ISBN 3-87504-826-1

INHALT

80860
LOCATION
DERIVEUR
PEDALO

Entdecken Sie die Kleinen Antillen!

Aber wählen Sie mit Bedacht, denn keines der paradiesischen Inselchen gleicht einem anderen

Down the way where the nights are gray/and the sun shines daily on the mountaintop...« Der Erfolg Harry Belafontes in den sechziger Jahren lag sicher nicht nur an seiner unbestritten guten Calypso-Musik. Ebensosehr spielte vermutlich die Sehnsucht der Deutschen nach dem fernen Paradies der Karibik eine Rolle. Die Sehnsucht nach einer damals unerreichbaren Welt der Palmen, der Musik, des Karnevals und des Rums. Ein Traum, der für die meisten Europäer erst einmal unerfüllt blieb. Sie fuhren an die Adria oder an die Costa Brava.

Heute sind die karibischen Inseln näher gerückt, die Flugzeiten stören kaum einen Urlauber, die Preise für Pauschalreisen liegen oft sogar unter denen für Ziele am Mittelmeer, und das Einkommen vieler Deutscher ist oft so gestiegen, daß neben einer Fernreise noch ein oder zwei Kurzurlaube im Jahr gemacht werden können. In Scharen pilgern die Kinder und Enkel der Belafontegeneration ins Himmelreich zwischen dem Golf von Mexiko und Südamerika. Es gibt viele Gründe, in die Karibik zu fliegen, und noch mehr, noch bessere Gründe, sein Ziel auf den Kleinen Antillen zu suchen. Auf den schier unzählbaren Inseln und Eilanden zwischen den Jungferninseln im Norden und Grenada und Barbados im Süden läßt sich für jeden Urlauber etwas Passendes finden. Hier kann wirklich jeder nach seiner Fasson glücklich werden.

Strand, Sonne, Segel und türkisblaues Meer – das bieten alle Kleinen Antillen. Sonst aber hat jede Insel ihren eigenen Charakter

Jede Insel hat ihren eigenen Charakter, jede ist anders als ihre unmittelbare Nachbarin, auch wenn diese vielleicht nur durch wenige Kilometer Wasser getrennt im türkisblauen Karibischen Meer liegt. Jede Insel hat ihre eigene Geschichte, ihre eigene charakteristische Bevölkerungsmischung, ihre eigene Sprache und ihr eigenes Gesicht. Nimmt man als Reisender bei der Wahl der Insel auf diese Unterschiede Rücksicht, kann ein Urlaub gelingen, der einen Aus-

Geschichtstabelle

1000 v. Chr.
Aus dem Orinokogebiet stammende Indianer (Arawaken) besiedeln von Norden nach Süden den karibischen Raum

1000 n. Chr.
Die Kariben verdrängen die Arawaken nach Norden

1492–1504
Kolumbus bereist die Karibik viermal. In der Folgezeit kommen spanische Siedler auf die Kleinen Antillen, ziehen aber meist von dort auf das amerikanische Festland oder auf die Großen Antillen weiter

1536
Pedro a Campo, ein portugiesischer Seefahrer, landet auf Barbados

16.–18. Jh.
Zwischen den Inseln der Karibik treiben Piraten und Freibeuter ihr Unwesen

17.–18. Jh.
Franzosen, Engländer und Holländer siedeln sich im karibischen Raum an. Viele der Inseln werden in dieser Zeit von den europäischen Mächten umkämpft und wechseln mehrfach ihre Besitzer. Die Inseln sind vor allem als Zuckerproduzenten wertvoll und erleben eine wirtschaftliche Blütezeit, die dem massiven Einsatz von Sklaven zu verdanken ist

1833
England schafft die Sklaverei auf seinen Inseln ab

1848
Frankreich schafft die Sklaverei auf seinen Inseln ab

1863
Auch auf den Inseln, die zu den Niederlanden gehören, wird die Sklaverei abgeschafft

Ende des 19. Jhs.
Der Zuckerrohranbau geht zurück, da in Europa aus Rüben Zucker gewonnen werden kann

Mitte des 20. Jhs.
Nach dem Zweiten Weltkrieg setzt der Tourismus in der Karibik ein — zuerst aus Nordamerika — und bringt vielen Inseln einen neuen wirtschaftlichen Aufschwung

1966
Barbados wird unabhängig

1973
Die Wirtschaftsorganisation CARICOM entsteht, der heute viele der Kleinen Antillen angehört

1974
Grenada wird unabhängig

1978
Dominica wird unabhängig

1979
St. Vincent/Grenadines und St. Lucia werden unabhängig

1981
Antigua/Barbuda wird ein unabhängiger Staat

1983
St. Kitts/Nevis wird unabhängig. US-Invasion der Insel Grenada

wanderungspläne schmieden läßt. Andererseits kann die falsche Wahl die dann kleinen Wermutstropfen, die bei einer Reise auftauchen können, so bitter machen, daß sie einem den ganzen Urlaub vergällen. Wenn der perfekte Urlaub für Sie stundenlanges Sonnenbaden an makellosen weißen Stränden bedeutet, wenn Sie abends Nightlife erwarten – Diskotheken, Spielcasinos, gute Restaurants – dann werden Sie von Dominica maßlos enttäuscht sein. Auf Barbados oder Antigua bekommen Sie dagegen alles, wonach Ihnen der Sinn steht. Jemand, der vom tropischen Regenwald träumt, der Flora und Fauna in den Mittelpunkt seines Reiseinteresses stellt, wird hier wiederum nicht sein Paradies finden. Sind sie anglophil? Barbados wird auch »Little England« genannt. Sagt Ihnen der *american way of life* zu? Die US-Virgin Islands sind Teil der Vereinigten Staaten, und das merkt man auch. Schwärmen Sie für alles Französische? Martinique und Guadeloupe sind so gallisch wie der Eiffelturm.

Die unterschiedlichen Charaktere der Inseln sind schon durch geographische und geologische Voraussetzungen bedingt. Zudem hat die Geschichte ihren Teil beigetragen, so daß sich heute große politische, wirtschaftliche und soziale Unterschiede bemerkbar machen.

Die Inselkette der Kleinen Antillen erstreckt sich in einem etwa 800 Kilometer langen, sanft geschwungenen Bogen von der Küste Südamerikas bis südöstlich von Puerto Rico. Dort beginnen die Großen Antillen, Kuba, Jamaica, Hispaniola und eben Puerto Rico. Die Großen Antillen unterscheiden sich nicht nur wegen ihrer größeren Fläche von den Kleinen Antillen, sondern auch durch geologische und klimatische Faktoren. Die gleich vor der südamerikanischen Küste liegenden Inseln Trinidad, Tobago, Aruba, Bonaire und Curaçao wiederum, die oft zu den Kleinen Antillen gerechnet werden, zeigen weit mehr Ähnlichkeit mit dem Kontinent, vor dessen Schwelle sie liegen, als mit den anderen Inseln der Kette.

Viele Inseln der Kleinen Antillen sind vulkanischen Ursprungs. Das läßt sich nicht nur an den oft steil aus dem Meer aufsteigenden Küsten und den schroffen Bergen im Inland erkennen, sondern auch an vielen nur zeitweise ruhenden Vulkanen, an heißen Quellen und Schwefeldämpfen, die unvermutet aus Felsspalten aufsteigen. Dieser unruhige geologische Untergrund der Inseln bedeutet für ihre Bewohner nicht nur den Segen eines fruchtbaren Bodens, sondern auch eine Gefahr. Der vom Ausbruch des Mont Pelée auf Martinique im Jahre 1902 begrub unter sich St. Pierre, damals eine der blühendsten Städte der Karibik. Von den über 20 000 Einwohnern soll ein einziger überlebt haben. Nur einige Inseln sind flach und zeugen dadurch von ihrer Entstehung aus angehobenen Kalksteinsedimenten – meist die Überreste von Korallenskeletten, die man zum Beispiel auf Barbados oder Anguilla finden kann.

Die Karibik ist klimatisch, auch wenn es Europäern anders erscheinen mag, kein tropisches, sondern ein subtropisches Gebiet. Im Unterschied zu den gemäßigten Breiten fehlen hier die uns gewohnten Jahreszeiten. Temperaturunterschiede zeigen sich eher im Laufe eines Tages als im Laufe des Jahres. Dennoch gibt es auf den Kleinen Antillen *seasons*: Im Sommer und Herbst steigen die Temperaturen (wenn auch nur geringfügig), es fallen mehr Niederschläge – eine feucht-warme Regenzeit. Im Spätsommer kann es vorkommen, daß aus dem südöstlichen Atlantik ein Hurricane seinen zerstörerischen Weg durch die Karibik und weiter in die Südstaaten der USA nimmt. Die Lage der Inselkette und die Erhebungen auf den einzelnen Inseln sorgen dafür, daß sich das Klima der Ost- und der Westküste einer Insel meist unterscheidet: Die Kleinen Antillen bilden die Grenze zwischen dem Atlantischen Ozean und dem Karibischen Meer. An die Ostküste prallen Wind und Wellen des Atlantiks, hier finden sich eher schroffe Felsküsten als weiße Sandstrände, hier beugen sich die Palmen und Bäume vom steten Wind gepeitscht nach Westen, hier regnen sich die wasserreichen Atlantikwolken beim Aufstieg an den Inlandsbergen ab. An der Westküste ist das Meer ruhiger, meist fallen hier weniger Niederschläge, die Hügelketten steigen vielfach sanft an und sind von ausgedehnten Pflanzungen überzogen. Die Siedlungen (und besonders die Hauptstädte), liegen an den geschützten Buchten der Westküste – die meisten entstanden in der Zeit der großen Segelschiffe, und damals hatte eben diese Lage bedeutende Vorteile gegenüber der ungeschützten Ostküste.

Die Karibik war vom 16. bis zum 19. Jahrhundert eine wichtige Drehscheibe im Warenverkehr zwischen dem amerikanischen Doppelkontinent und Europa. Als Kolumbus 1492 die Inseln betrat, läutete er eine neue Epoche für die Region ein. Die Inseln waren zu dieser Zeit von Indianerstämmen besiedelt, die in einfachen Kanus aus Südamerika gekommen waren. Da Kolumbus glaubte, einen westlichen Seeweg nach Indien gefunden zu haben, hielt er folgerichtig diese Einwohner auch für »Inder«. Noch heute erinnert unsere Bezeichnung Indianer an diesen Irrglauben – ebenso wie der im angelsächsischen Bereich verbreitete Begriff *West Indies* für den karibischen Raum.

Schon bei seiner zweiten Reise befanden sich im Gefolge des Christoph Kolumbus die ersten Kolonisatoren. Und mit der Zeit wurde aus dieser kleinen Schar ein unüberschaubares Heer von Einwanderern. Zuerst kam es aus Spanien, später auch aus den anderen europäischen Staaten. Es strömten Abenteurer und Soldaten, Kaufleute und Händler, Bauern und Handwerker in die Neue Welt. Viele von ihnen kamen nicht weiter als bis auf eine Karibikinsel, hier ließen sie sich nieder und nahmen für ihre heimatlichen Fürsten »Besitz« von Land – und Leuten. Besonders die Spanier waren unermüdlich in ihrem Bestreben, die Indianer als eine wichtige Ressource der neuen Kolonien auszubeuten. Auf den ersten Plantagen und in den Minen wurden sie bei

Im Sommer und Herbst fällt der Niederschlag, den der Regenwald braucht

schwerer körperlicher Arbeit verschlissen, wenn sie nicht schon vorher den Waffen der Soldateska oder den eingeschleppten Krankheiten zum Opfer gefallen waren. Schließlich handelte es sich um »Wilde«, die zudem angeblich noch dem Kannibalismus frönten – Rechtfertigung für einen Völkermord war das allemal.

Nachdem das wirtschaftliche Potential der Inseln und des unmittelbaren Festlandes erkannt worden war, zeigte sich bald bei den anderen europäischen Großmächten eine gewisse Unruhe. Diese Schatzkammer alleine den Spaniern überlassen? Besonders die Engländer und die Franzosen waren bestrebt, sich Rohstoffquellen und Absatzmärkte für ihre Produkte zu sichern. So waren das 17. und 18. Jahrhundert in der Karibik geprägt von kriegerischen Handlungen, die nur selten von kurzen Friedensperioden unterbrochen wurden. Viele der Kleinen Antillen wechselten in dieser Zeit mehrfach den »Besitzer«. Auf manchen Inseln wehten im Laufe eines einzigen Jahres sogar drei oder vier verschiedene Flaggen. Schließlich blieben als dominierende Kräfte die Engländer, die Holländer und die Franzosen – die Spanier hatten die kleineren Inseln zugunsten des Festlandes und der Großen Antillen vernachlässigt.

Die dauerhafte Besiedlung der Inseln durch Europäer leitete eines der düstersten Kapitel in der Geschichte der Karibik, aber auch Europas ein. Die Kleinen Antillen waren, im Gegensatz zu den Großen Antillen und dem amerikanischen Festland, nicht reich an Bodenschätzen. Dafür hatten sie aber fruchtbares Land, und schon bald fand sich auch ein gewinnträchtiges Anbauprodukt: Zucker. Allerdings war der Anbau von Zuckerrohr (auch heute noch) ein arbeitsaufwendiges Unternehmen. So kamen die findigen Europäer bald auf den Gedanken, die harte körperliche Arbeit auf den Plantagen von afrikanischen Sklaven verrichten zu lassen – die Indianer hatten sie ja schon zuvor fast ausgerottet! Für die Beteiligten entstand ein äußerst lukrativer Dreieckshandel, der für die Betroffenen allerdings von unendlichem Leid geprägt war. In Schiffen zusammengepfercht wurden die Sklaven von der westafrikanischen Küste verschleppt und, falls sie die Überfahrt überlebten, auf den Märkten der Zuckerinseln an die Pflanzer verkauft. Da die Sklaven kaum mehr als durchschnittlich zehn Jahre härtester Arbeit auf den Plantagen durchzustehen vermochten, wuchs der Bedarf stetig. Nach dem Verkauf der Sklaven wurden die nun leeren Bäuche der Segelschiffe mit Zucker und Zuckerprodukten beladen und nach Europa gebracht. Dort wiederum wurden Halbfertig- und Fertigprodukte eingekauft, die man in Afrika gewinnbringend gegen neue Sklaven eintauschen konnte.

Die Afrikaner, die nicht von den geschäftstüchtigen karibischen Händlern weiter auf das Festland verkauft wurden, mußten sich auf den Inseln mit einer für sie radikal anderen Umwelt, einer anderen Sprache, anderen Gesetzen und einer fremden Religion zurechtfinden. Dies allein wäre schon eine fast menschenunmögliche Leistung gewesen. Die Sklaven mußten zudem noch schwere körperliche Arbeit ertragen, bei ungewohntem und meist auch nicht ausreichendem Essen und oft bei Strafen für »Fehlverhalten«, die grausam waren. Daß es nicht häufiger zu Rebellionen kam, ist unter diesen Umständen verwunderlich. Daß nur einer dieser Sklavenauf-

Ein Hutmacher am Strand von St. Lucia

stände (auf Hispaniola, damals entstand das heutige Haiti) dauerhaften Erfolg hatte, ist verständlich: Die Rebellen wurden von ihren Herren unter Einsatz aller Mittel bekämpft, bis in ihre Schlupfwinkel verfolgt und drakonisch bestraft, wenn man ihrer habhaft wurde. Die Sklaverei in der Karibik wurde im 19. Jahrhundert langsam beendet. Zeitlich fiel ihr Ende mit dem Niedergang des Königs »Zucker« zusammen – in Europa war mit der Zuckergewinnung aus Rüben ein Konkurrenzprodukt auf den Markt gekommen, das viele Plantagen auf den Kleinen und Großen Antillen bald in den Konkurs trieb. Die europäischen Staaten erließen zu unterschiedlichen Zeiten Gesetze zur Abschaffung der Sklaverei in ihren Kolonien: Großbritannien schon relativ früh (1834), die Niederlande beispielsweise aber erst 1863. Das Erbe der Sklaverei ist heute auf den Kleinen Antillen nicht zu übersehen. Die Bevölkerung ist auf den meisten Inseln aus den Nachkommen der Plantagenarbeiter zusammengewürfelt, man sieht alle Schattierungen von Schwarz und Braun, doch bei den Einheimischen nur selten Weiß. Die Farben Rosa bis Sonnenbrandrot bleiben den Touristen vorbehalten.

Die Zuckerkrise war der Anfang eines wirtschaftlichen Zusammenbruchs im karibischen Raum, der auf den kleineren Inseln bis heute anhält. Nach dem Zweiten Weltkrieg begann ein Prozeß der politischen und wirtschaftlichen Umorganisation, der einer Reihe von europäischen Kolonien die Unabhängigkeit brachte – die meisten ehemals britischen Inseln sind heute eigenständige Staaten oder Teile eines Staatenverbunds. Die Niederländischen und die Französischen Antillen sind dagegen zu überseeischen Provinzen ihrer Mutterländer gemacht worden, also völkerrechtlich Teile Europas. Ähnlich verhält es sich mit den US Virgin Islands, die ein Teil der USA sind, während die British Virgin Islands noch heute eine britische Kronkolonie sind. Die politische Unabhängigkeit brachte den jungen Staaten aber auch große wirtschaftliche Probleme, da nun die Subventionen seitens des ehemaligen Mutterlandes wegfielen, die oft einen wesentlichen Teil des Staatshaushaltes ausmachten. Die Versuche, eigene Industrien aufzubauen, waren nicht immer vom Erfolg gekrönt, und die Produktion von landwirtschaftlichen Gütern (unter anderem Gewürze, Tabak, Zucker, Bananen und anderes Obst) brachte die Bauern in eine meist wenig vorteilhafte Abhängigkeit von den schwankenden Weltmarktpreisen.

Die größte Einnahmequelle ist inzwischen der Tourismus. Antigua erzielt fast die Hälfte seines Bruttosozialproduktes mit den Devisen seiner Besucher, St. Lucia etwa ein Drittel und Grenada und Barbados immerhin noch ein Fünftel (zum Vergleich: in der ehemaligen Bundesrepublik und in den Vereinigten Staaten waren es 1989 weniger als ein Prozent). Damit stehen die Inseln aber auch vor den typischen Problemen, die alle Tourismusländer haben. Sie sind abhängig von der Konjunktur in den Heimatländern ihrer Gäste und von anderen Faktoren außerhalb ihrer unmittelbaren Kontrolle, die das Urlaubsverhalten beeinflussen können. Der Golfkrieg Anfang 1991 und die damals herrschende Angst vor Flugreisen hatten teilweise katastrophale Auswirkungen auf die Buchungen in dieser Region. Ein Großteil der Einnahmen wird für die Ansprüche der Urlauber ausgegeben, so daß der wirtschaftliche Gewinn in engen Grenzen bleibt. Demgegenüber steht aber, daß Arbeitsplätze für die einheimische Bevölkerung geschaffen werden.

Die Inseln tun deshalb auch für ihre Gäste, was ihnen möglich ist. Die größeren unter ihnen verfügen inzwischen über eine (nicht nur touristische) Infrastruktur, die kaum noch Wünsche offen läßt. Die kleineren Inseln bemühen sich nach Kräften, ihre typischen Vorteile in ein gutes Licht zu rücken. Sie sollten sie aufsuchen, wenn Ihnen der Sinn eher nach Ruhe und Beschaulichkeit steht. Für alle Inseln gilt gleichermaßen, daß die Einwohner dem Besucher freundlich und offen entgegentreten.

PAN LOVERS
CLARKE'S COURT
GRENADA'S NO.1
PAN LOVERS
CLARKE'S COURT
GRENADA'S NO.1
PAN LOVERS
GRENADA'S NO.1
PAN LOVERS
GRENADA'S NO.1
PAN LOVERS

Sklaven, Rum und schlafende Vulkane

In der unruhigen geologischen Zone lebt ein Menschenschlag, der trotz grausamer Vergangenheit die Lebenslust erfunden zu haben scheint

Architektur

Natürlich gibt es nicht so viele Baudenkmäler auf den Kleinen Antillen wie in ihren europäischen Mutterländern. Zwar haben die Kolonialherren ihre Siedlungen mit Kathedralen, Palästen und prächtigen Bürgerhäusern ebensosehr geschmückt, wie sie es von den Städten zu Hause gewohnt waren. Doch vieles von dem, was sie errichteten, ist den Tücken des Klimas, Feuersbrünsten, Kriegen und Stürmen zum Opfer gefallen. Und Stein war ein seltener Baustoff, der oft durch Holz ersetzt wurde. Dennoch kann man manch ein Kleinod finden. Besonders interessant sind die alten Herrenhäuser der Plantagen, die sogenannten *Great Houses*, die noch deutlich den Wohlstand ihrer ehemaligen Besitzer erkennen lassen, auch wenn sie nur selten restauriert wurden. An ihnen läßt sich ebenso wie an den farbenfrohen kleinen Häuschen der weniger Betuchten erkennen, wie die Architektur an die Gegebenheiten des Klimas angepaßt wurde. Umlaufende überdachte Veranden schützen die im Inneren gelegenen Räume vor der direkten Sonneneinstrahlung, lassen aber durch die zahlreichen, oft mit Jalousien statt mit Glasscheiben versehenen Fenster jeder kleinen Brise die Möglichkeit, kühlend durchs Haus zu streichen. Ob der Architekt eines modernen Hotels gut war, läßt sich oft daran erkennen, inwieweit er diesen althergebrachten und bewährten Baumustern folgte.

Sie lieben ihre »Pfannen«: Steel Band auf Grenada

Cristobal Colón

Christoph Kolumbus ist der erste europäische Tourist in der Karibik gewesen. Heute weiß jeder Lokalpatriot auf den Antillen stolz zu berichten, wann und auf welcher seiner Reisen Colón (so die spanische Fassung seines Namens) die Inseln gesichtet oder gar entdeckt hat. Historisch gesichert sind die vermeintlichen Fakten keineswegs, denn das Bordbuch, die Augenzeugenberichte und die Karten des Entdeckerzeitalters stellen keine zuverlässigen Quellen dar. Aber vielleicht ist es ja auch gar nicht so wichtig ...

Flora und Fauna

Viele Inseln der Antillen sind Paradiese für Naturkundler. Ob Sie nun an Vögeln oder Reptilien, an Orchideen oder Kakteen interessiert sind, hier finden Sie fast immer seltene endemische, also nur in begrenzten Gebieten auftretende Arten. Oft sind sie leider – wie die schönen Papageien von St. Vincent, St. Lucia oder Dominica – akut vom Aussterben bedroht, da seit Jahrzehnten die Bestände durch Wilderer verringert werden, die die Nachfrage europäischer und nordamerikanischer »Liebhaber« erfüllen. Mit einem sach- und landeskundigen Führer können Sie jedoch hoffen, im frühen Morgengrauen eines dieser Urwaldjuwelen zu erblicken.

Die Vielfalt der Arten im Pflanzen- und im Tierreich ist bemerkenswert, mit Ausnahme der Säugetiere, welche zudem sehr klein und scheu sind. Die Welt der Reptilien hat ein paar besonders schöne Exemplare zu bieten, sehr große Leguane und Schlangen wie zum Beispiel die Boa constrictor – Giftschlangen sind jedoch selten. Auf Wanderungen im Regenwald kann man mit etwas Glück auch herrlich bunte Schmetterlinge beobachten oder, wenn man seine Augen schärft, nicht minder farbenfrohe Käfer. Während einer Regenwaldwanderung wird der Pflanzenfreund vor Neid erblassen: All' das, was in gemäßigtem Klima mit sorgfältiger Pflege, im Blumenfenster oder im Gewächshaus, mühsam am Leben erhalten wird, wächst hier in kraftstrotzender, wuchernder und farbiger Fülle: Philodendren, Palmen, Baumfarne und Bromelien, Orchideen und Farne, Bananen, Drachenbäume, Bambus und viele Pflanzen mehr. Vor den Küsten der Inseln erstreckt sich ein weitläufiges Unterwasserreich, welches lohnt, vorsichtig erforscht zu werden. Eine Taucherausrüstung ist nicht unbedingt erforderlich, denn mit Schnorchel und Brille, mitunter schon mit bloßem Auge vom Boot aus lassen sich Fische und Korallen beobachten.

Einige Inseln sind für Naturbegeisterte besonders zu empfehlen. Am schönsten ist Dominica mit seinen ausgedehnten Regenwäldern, seinen malerischen Wasserfällen und Tauchrevieren vor der Küste. Auf Guadeloupe befindet sich der Vulkan La Soufrière in einem großen Nationalpark. St. Lucia hat neben schönen Regenwäldern und den Piton-Bergen ebenfalls einen Vulkan zu bieten, in dessen Krater Sie mit dem Auto fahren können – ein sogenannter »Drive-In-Vulkan«.

Auf anderen Inseln ist das Angebot nicht ganz so reichhaltig, aber fast immer findet sich eine kleine Schlucht mit epiphytenbewachsenen Bäumen, ein kleiner Nationalpark oder ein guter Botanischer Garten.

Für den Regenwald und die anderen Biotope mit ihren Pflanzen und Tieren gleichermaßen gilt das Motto der Naturschützer: »Take only pictures, leave only footprints!« (»Nehmen Sie nichts mit außer Bildern, hinterlassen Sie nichts außer Fußab-

Die Marco-Polo-Bitte

Marco Polo war der erste Weltreisende. Er reiste in friedlicher Absicht, verband Ost und West. Er wollte die Welt entdecken, fremde Kulturen kennenlernen, nicht zerstören. Könnte er für uns Reisende des 20. Jahrhunderts nicht Vorbild sein? Aufgeschlossen und friedlich sollte unsere Haltung in anderen Ländern sein. Dazu gehören auch Respekt vor Mensch und Tier und die Bewahrung der Umwelt.

WWF

drücken«) Nur so besteht die Hoffnung, daß nachfolgende Generationen das, was wir heute bewundern, auch noch zu Gesicht bekommen. Der Sammeltrieb des Besuchers stellt eine große Gefahr für die Natur der Inseln dar, und Zollbehörden in der Karibik wie in den Heimatländern reagieren mit verständlicher und angebrachter Härte auf Versuche, Pflanzen oder Tiere zu schmuggeln.

Hugo

Nicht jede *hurricane-season* beschert den Kleinen Antillen auch wirklich einen Tropensturm. Nicht jeder Hurricane, der eine der Inseln berührt, richtet auf ihr auch größere Schäden an. Stürme, die mehrere Inseln in Mitleidenschaft ziehen, sind sogar die Ausnahme. Die letzte dieser Ausnahmen hieß Hugo und ist den Bewohnern von Montserrat, St. Croix, Tortola und anderen Inseln noch deutlicher in Erinnerung, als ihnen lieb ist. Im Jahre 1989 fegte dieser Hugo über die Inseln hinweg und hinterließ Schäden, die auch heute nicht zu übersehen sind. Auf Montserrat gab es kaum ein Gebäude, das dem Sturm standhalten konnte und viele der alten Bäume liegen heute im aufwuchernden Unterholz um sie herum.

Indianer

Die Ureinwohner der Kleinen und Großen Antillen waren Indianer. Zuerst kamen die Arawaken aus dem Orinokogebiet (Südamerika) und besiedelten in der Zeit von Christi Geburt bis zur Ankunft der Europäer die Karibik von Süden nach Norden. Sie waren friedliebende Bauern und Fischer, die auf vielen Inseln von den später nachströmenden kriegerischen Kariben verdrängt wurden. Aber weder die Arawak-Stämme noch die Kariben konnten sich gegen die Spanier zur Wehr setzen, sie fielen der Zwangsarbeit in den Minen, den eingeschleppten Krankheiten und dem systematischen Völkermord der Kolonialherren zum Opfer. Heute gibt es nur noch auf sehr wenigen Inseln nennenswerte Bevölkerungsteile, in deren Adern indianisches Blut fließt.

Kannibalen und Karibik

Es ist leicht zu erkennen, daß der Name »Karibik« für die gesamte Region auf seine ursprünglichen Bewohner zurückgeht, die Kariben (daß sie keineswegs die ersten Siedler dieser Gegend waren, wird mit der Namensgebung schlicht unterschlagen). Weniger leicht erkennbar ist jedoch, daß auch der europäische

Begriff für Menschenfresserei sich vom Namen der Kariben ableitet: Die Kariben waren Kannibalen. So behaupteten es wenigstens die ersten spanischen Siedler und Eroberer der Inseln, die damit einen wohlfeilen Grund hatten, sich der lästigen Ureinwohner zu entledigen. Heute ist die Erkenntnis über das Kannibalentum der Kariben in der Wissenschaft keineswegs unumstritten.

Musik

Die Karibik lebt von der Musik, mit der Musik, für die Musik. Immer wieder haben karibische Rhythmen wie Rumba, Calypso, Reggae und Salsa Europa und den Rest der Welt erobert. Doch auch auf den Kleinen Antillen ist der Einfluß internationaler Popmusik nicht zu überhören, aus den Transistorradios schallt es wie bei uns, Rap und Funk. Aber immer noch wird Calypso nicht nur für die Touristen als folkloristische Darbietung gespielt. Mit Reggae und den Steelbands haben sich vom Norden (Jamaica) und Süden (Trinidad) karibische Musikarten auf den Inseln verbreitet, die heute schon fast »einheimisch« genannt werden müssen.

Nelson

Horatio Nelson, der Sieger der Schlacht von Trafalgar, lernte sein Handwerk als Seemann in der Karibik. Doch der junge Offizier zeichnete sich nicht nur als umsichtiger Befehlshaber der britischen Karibikflotte aus, er war auch in seinen Privatangelegenheiten ein vorausplanender Mensch – indes nicht immer mit Erfolg. Auf der Insel Nevis lernte er die junge Witwe Nisbet kennen, die im Ruf stand, eine sehr gute Partie zu sein. Erst nach der Hochzeit mußte Nelson erkennen, daß ihr Wohlstand bei weitem nicht so groß war, wie er angenommen hatte, so daß ihm die Sicherung eines standesgemäßen Lebensstils noch nicht gelungen war.

Piraten

Die Freibeuter, Piraten und Bukaniere waren im 16., 17. und 18. Jahrhundert die wahren Herren der karibischen See. Besonders die mit reichen Gold- und Silberschätzen beladenen, zum spanischen Festlandsreich zurückkehrenden Galeonen waren eine willkommene und oft auch leichte Beute auf ihrem Weg in die Heimat. Aber Henry Morgan, Blackbeard und all die anderen schreckten keineswegs davor zurück, gutbefestigte Städte auf den Inseln zu überfallen und auszuplündern. Ein Ende nahm das Piratenunwesen erst, als die europäischen Großmächte davon abließen, diese undisziplinierten und unberechenbaren Hilfstruppen in den Stellvertreterkriegen einzusetzen, die sie in der Karibik untereinander ausfochten. Heute fliegt die mit Totenkopf und gekreuzten Gebeinen geschmückte schwarze Flagge wieder: Auf nachgebauten Holzschiffen wird die Seeräuberromantik zu lohnendem Touristennepp umgemünzt.

Rum

Trinken Sie Rum! Nicht in Unmengen, er wirkt unter der heißen Sonne noch stärker als daheim. Aber mit Bedacht genossen gehört er zu den Höhepunkten eines Karibikaufenthaltes. Er ist das letzte Zeugnis der ehemaligen Herrschaft des Zuckers auf den Inseln. Noch heute hat fast jede der Kleinen Antillen ihre eigene Marke, oft sogar auch mehrere, so daß man sich schwer tut, seinen persönlichen Favoriten zu küren.

Sklaven

Weitaus die meisten Bewohner der Kleinen Antillen stammen von den als Sklaven aus Westafrika Verschleppten ab. Man sollte sich als Besucher vor Augen halten, daß der Urgroßvater des würdigen älteren Herren, mit dem man sich gerade unterhält, vielleicht noch als persönliches Eigentum eines Europäers auf die Welt gekommen ist.

Vulkane

Die Karibik ist, ebenso wie das Festlandsmittelamerika, eine geologisch unruhige Zone. Eine Reihe von Vulkanen sind keineswegs erloschen, sondern nur nicht aktiv. Meist lassen sie sich auf entsprechend gekennzeichneten Wegen auch von weniger trainierten Touristen besuchen. Besonders empfehlenswert: Dominica, Guadeloupe, Martinique (Mont Pelée), St. Vincent und St. Lucia (Soufrière).

Zucker

Der Zucker regierte lange das tägliche Leben auf den Kleinen Antillen. Die Inhaber der großen Plantagen bestimmten das politische und soziale Leben, obwohl sie oft als *absentee landlords* in London oder Paris residierten und ihre Besitztümer von Verwaltern führen ließen. Unermeßlicher Reichtum und die damit einhergehende Macht lagen in den Händen weniger Familien – geschaffen von einem Heer afrikanischer Sklaven, die oft das Leben für den Luxus ihrer Herrschaften geben mußten. Erst der Anbau von Zuckerrüben in Europa brachte dem Plantagenwesen den Niedergang.

Eine geologisch unruhige Zone: Vulkankrater auf St. Lucia

Kreolische Küche und Cocktails

Die einheimischen Gerichte sind voller Überraschungen, aber es wird auch Kulinarisches aus der ganzen Welt geboten

Die Karibik ist ein Paradies für Leute, die gerne und gut essen, aber auch für jene, die nicht ganz so anspruchsvoll sind. Hier kann man noch Neues erleben, und das Altbekannte bekommt man in einer Qualität geboten, die keinen Vergleich zu scheuen braucht. Die Speisen der internationalen Küche werden in den Hotelrestaurants wunderschön angerichtet. Und das, obwohl es bestimmt nicht leicht ist und außerdem sehr teuer, in diesen Gefilden den Nachschub an schottischem Lachs und französischer Gänseleberpastete zu organisieren. Wem aber der Sinn danach stehen sollte, der kann sogar amerikanisches Fast-food bekommen, vom Hamburger bis zum Kentucky Fried Chicken.

Nur wenn Sie nicht aufpassen, bringen Sie sich unwissentlich um einen der größten Genüsse: der karibischen Küche! Hier werden Speisen serviert, die man zu Hause lange suchen muß. Halten Sie also Ausschau nach Restaurants, die »Creole Food«, »Home Cooking« oder (auf Barbados) »Bajan Cuisine« anbieten: Fische und Meerestiere aus der karibischen See, Obst und Gemüse aus den Gärten und von den Plantagen der jeweiligen Insel, dazu allerlei Exotisches aus dem Regenwald: Gürteltier, Leguan und Riesenfroschschenkel. Zubereitung und Geschmack der Speisen fällt auf jeder Insel etwas anders aus. Das »Creole Cooking« ist meist den Kochkünsten der Plantagensklaven zu verdanken, es spiegelt aber auch die Küche der ehemaligen Kolonialherren wider. Auf den französischen Antillen macht sich das Erbe der »Grande Nation« bemerkbar, auf anderen Inseln läßt sich der Einfluß der Briten nicht verkennen.

Suchen Sie ein Restaurant mit möglichst authentisch kreolischer Küche auf (wir nennen Ihnen einige im Inselteil des Führers), und lassen Sie sich überraschen. Die Spezialitäten der Insel sollten Sie auf jeden Fall versuchen, und wenn Sie Ihnen nicht munden... Nun, diese Spekulation ist überflüssig.

Jungfräulich und alkoholfrei sind Cocktails auf den Virgin Islands nicht

Samstag-Markt auf Grenada

Auf Barbados wird als Vorspeise oder Hauptgericht Fliegender Fisch serviert, auf Dominica Süßwasserkrebse oder »mountain chicken« (Froschschenkel), auf Montserrat »goatwater« (eine Art Irish Stew mit Ziegenfleisch), Scampi oder Languste. »Creole style« bekommt man auf fast allen Inseln, ebenso wie »dolphin« (dies ist nicht der Meeressäuger, sondern ein delikater, thunfischgroßer Tiefseefisch) und Lambi oder Conch (das Fleisch der großen Meeresschnecken, deren orange-rosa Gehäuse ein beliebtes Souvenir ist).

Zu allen Gerichten werden Kochbananen, Süßkartoffeln, Brotfrucht oder Okra serviert. Als Nachspeise Obst in allen Variationen – Bananen, Ananas, Mango, Papaya. Besonders auf den französischen Antillen wird Schildkrötensuppe oder -fleisch angeboten. Achten Sie bitte darauf! Diese Speisen sind in Deutschland aus gutem Grund verboten, die Meeresschildkröten sind vom Aussterben bedroht.

Wer ißt, wird auch trinken wollen, und bei den hohen Temperaturen, die hier meistens herrschen, werden Sie schnell das Bedürfnis nach einer kühlen Erfrischung haben. Je nach Geschmack können Sie zwischen verschiedenen Fruchtsäften wählen oder es mit einem karibischen Bier versuchen, keine Angst, auch tagsüber, denn die einheimischen Biersorten sind in der Regel leichter und alkoholärmer als die importierten. Auch die Weintrinker unter Ihnen werden sich freuen. Selbst in einfachen Restaurants werden Sie italienischen oder französischen Landwein bekommen, mitunter auch kalifornischen, chilenischen oder australischen Wein. Wer aber unbedingt möchte, bekommt auch – lassen Sie sich überraschen! – gute europäische Lagen und Jahrgänge zu akzeptablen Preisen.

Grundsätzlich sollten Sie bei der Wahl Ihrer Getränke nicht vergessen, in welchen Gefilden Sie gerade Urlaub machen. Die Karibik ist das Reich des Zuckerrohrs, und jenes dient nicht nur zur Herstellung von Raffinade, sondern auch als Grundstoff für Rum. Nirgendwo auf der Welt werden Sie einen besseren bekommen. Probieren Sie unbedingt einen Mount Gay aus Barbados – pur –, oder lassen Sie sich einen der unendlich vielen Cocktails zubereiten, die auf Rumbasis mit Fruchtsäften und Likören gemischt, immer wieder neue Geschmacksnuancen entwickeln: einen Planters Punch, einen Daiquiri, einen Mai Tai oder einen Zombi. Sie werden schnell Ihren Favoriten finden.

Eine Conch für das Kaminsims

Echte karibische Souvenirs sind selten, aber auf den meisten Inseln werden internationale Markenartikel zollfrei angeboten

Neben dem Anbau und Export von Zucker war der Handel in den vergangenen Jahrhunderten die wichtigste wirtschaftliche Stütze der Kleinen Antillen. Sie hatten, ebenso wie die nördlicheren Großen Antillen, die Funktion einer Drehscheibe zwischen den europäischen Heimatländern und den Kolonien auf dem amerikanischen Festland. Hier wurden Rohstoffe vom Kontinent und Fertigwaren aus Europa umgeschlagen, und immer verdienten geschäftstüchtige karibische Händler mit. Einigen Inseln wurde in dieser Zeit der Status von Freihäfen eingeräumt, so daß für die gehandelte Ware weder Steuern noch Zölle entrichtet werden mußten. Solche Privilegien gibt man natürlich nicht auf, und so sind heute noch einige Inseln der Kette ein wahres Einkaufsparadies für Kreuzfahrer und Touristen. St. Maarten und die US-Virgin Islands lokken mit einem Warenangebot, das dem europäischer Metropolen kaum nachsteht. Inzwischen haben sich auch die meisten anderen Inseln auf diese Einnahmequelle besonnen, fast überall gibt es in der Hauptstadt ein eigenes Einkaufsviertel, in dem man nach Vorlage seines Passes und Flugtickets zollfrei einkaufen kann: Spirituosen, Parfümerieartikel, Schmuck, Schweizer Uhren, japanische Unterhaltungselektronik und Tabakwaren.

Beim zollfreien Einkauf auf den Inseln sollte man sich jedoch einige Grundregeln zu eigen machen: Achten Sie auf die Freigrenzen, die Ihnen der heimatliche Zoll bei der Rückkehr einräumt. Vergewissern Sie sich bei optischen, elektrischen und elektronischen Geräten, daß Sie eine internationale Garantiekarte erhalten und daß das Netzteil – oft nur mit 110 Volt – auf Ihre heimatliche Stromspannung ausgelegt ist.

Tatsächlich »typisch karibische« Souvenirs findet man seltener. Vielleicht nehmen Sie sich eine Flasche Ihres Lieblingsrums mit, ein oder zwei mit Inselmotiven bedruckten, schönen bunten Shirts oder Sie dekorieren sich daheim das Kaminsims mit einer Conch – eine Seeschneckenschale in herrlich kitschigen Orange- und Rosatönen.

Irish Mist II

In der Heimat der Bajans

Die Bewohner von Barbados fühlen und denken britisch

Mit einem Anflug von Stolz in der Stimme nennen die Bewohner ihre Insel »Little England«. Und in der Tat, man spürt förmlich, hier hat jahrhundertelang das Vereinigte Königreich das Zepter geführt, und führt es auch heute noch. Barbados ist eine konstitutionelle Monarchie, an deren Spitze die englische Königin steht. Ihr Vertreter auf der Insel, der Generalgouverneur, ernennt den Premierminister und die Minister, exakt nach britischem Vorbild. Es ist nicht nur das politische System, auch sonst ist das englische Erbe allgegenwärtig. Für die Briten ist Barbados eines der beliebtesten Urlaubsziele in der Karibik. Hier spricht man ihre Sprache, hier pflegt man ihre Sitten (*teatime* und *english breakfast*), hier lebt man mit seiner Vergangenheit als Kolonie.

Bridgetown auf Barbados

Dennoch läßt sich nicht verkennen, daß Barbados in den Subtropen liegt und daß die 250 000 Einwohner keineswegs

Hotel- und Restaurantpreise

Hotels
Kategorie L: über $ 300
Kategorie 1: $ 200–300
Kategorie 2: $ 100–200
Kategorie 3: unter $ 100

Die Preise gelten für ein Doppelzimmer in der Wintersaison.

Restaurants
Kategorie 1: über $ 35
Kategorie 2: $ 20–35
Kategorie 3: unter $ 20

Die Preise gelten für eine Mahlzeit pro Person ohne Getränke, ohne Steuern und Trinkgeld.

Wichtige Abkürzungen
Ew. Einwohner
Jh. Jahrhundert
Tel. Telefon

MARCO-POLO-TIPS FÜR BARBADOS

1 Andromeda Gardens
Ein Gartenparadies für Blumen- und Pflanzenliebhaber (Seite 25)

2 Welchman Hall Gully
Hier hat der Regenwald etwas von Barbados zurückerobert (Seite 27)

3 Brown Sugar
Hier gibt es Bajan Cuisine, auch den »Flying Fish«, at its best! (Seite 27)

4 Island Inn Hotel
Ein erstklassiges Hotel zu einem angenehmen Preis (Seite 28)

alle von britischen Einwanderern abstammen, sondern zum größten Teil von Sklaven, die einst auf den Zuckerrohrplantagen ihrer weißen Herren arbeiteten. Die Bajans (Bajan ist sowohl die Bezeichnung für die Bewohner als auch die Beschreibung für alles zu Barbados Gehörige) vereinen die britische Zurückhaltung mit der Lebensfreude, die allen Insulanern der Antillen eigen ist.

Barbados gehört zu den wenigen Inseln in der Karibik, deren Wirtschaft intakt ist. Zucker und Zuckerrohrprodukte stellen nach wie vor einen wichtigen Anteil am Export der Insel dar – der Mount Gay Rum von Barbados ist einer der besten der Welt. Der Tourismus ist eine weitere wichtige Einnahmequelle. Die Süd- wie die Westküste der Insel sind mit schönen Hotels und Ferienanlagen jeder Preiskategorie besiedelt. Sehr früh schon sind Vorschriften erlassen worden, die Bauhöhe, Geschoßflächen und Größe der Grünanlagen regelten, so daß die Landschaft durch die intensive Bebauung nur wenig in Mitleidenschaft gezogen worden ist. Betonsilos und Bettenburgen findet man auf Barbados kaum. Die Erlöse aus dem Export von Zuckerrohrprodukten und die Devisen der Touristen werden zielgerichtet für Investitionen in andere Wirtschaftszweige genutzt, um die Inselwirtschaft zu stabilisieren und um sich weniger den Unbillen der Weltwirtschaft auszusetzen.

Barbados ist eigentlich nur eine angehobene flache Platte aus Korallenkalk und nicht vulkanischen Ursprungs wie viele andere Inseln. Im Südwesten an der Carlisle Bay liegt die Hauptstadt Bridgetown, deren Vororte nach Osten und Norden allmählich in die weitläufigen Zuckerrohrfelder übergehen. In diesem Ballungsgebiet Bridgetown vermag man sich vorzustellen, daß die Bevölkerungsdichte der Insel nur wenig unterhalb der von Hongkong liegt: Barbados gehört mit seinen 250 000 Einwohnern zu den am dichtesten besiedelten Staaten der Welt. Sobald man aber in den Norden kommt oder an die wilde, felsige Ostküste, werden die Wege zwischen den kleinen Siedlungen länger, Touristen sieht man kaum noch und auch die Bajans werden seltener. (F 5)

BESICHTIGUNGEN

Andromeda Gardens

★ An einer schönen Stelle der rauhen Ostküste liegt mit Blick auf den oft bleigrauen Atlantik ein Juwel der Gartenbaukunst. Die ehemalige Besitzerin Iris Bannochie hat in langer, liebe- und mühevoller Kleinarbeit auf dem abschüssigen Gelände um ihr Haus herum eine kleine Parkanlage geschaffen, die eine Fülle von tropischen, subtropischen und mediterranen Pflanzen beherbergt. Die umfangreiche südostasiatische Orchideensammlung wird sicherlich viele neue Liebhaber unter Ihnen gewinnen. Heute wird die Anlage vom Barbados National Trust geführt, der noch einige der Umgestaltungs- und Erweiterungspläne von Iris Bannochie verwirklichen will. *Tgl. von Sonnenauf- bis -untergang, Eintritt BDS$ 5, oberhalb von Tent Bay, St. Joseph*

Barbados Wildlife Reserve

Im Wildlife Reserve, einem dicht bewaldeten Gehege, können Sie einheimische Tierarten – die dort auch gezüchtet werden – bewundern. Im Unterholz neben den schmalen Pfaden rascheln Landschildkröten ebenso wie die barbadienischen »green monkeys«, ein kleiner Teich beherbergt Krokodile und Fischotter, die dort in natürlicher Koexistenz miteinander leben. Die größte Touristenattraktion aber ist eine Freiflugvoliere, die durch eine Art Schleuse betreten wird – falls die sich davor postierten Pelikane Lust haben, Sie durchzulassen. Sollten die wachsamen Pelikane Ihnen dennoch den Eintritt verweigern, hilft nur der Umweg über den anderen Eingang. In der Voliere selbst befinden sich nicht nur auf der Insel beheimatete Vögel, sondern auch Arten aus der Karibik und Südamerika. *Tgl. 10–17 Uhr (Busse fahren von Speightstown und Bathsheba aus zum Farley Hill National Park), Eintritt BDS$ 5*

Bathsheba

Das kleine Dorf an der Ostküste ist vor allem bei den Einwohnern der Insel als Ausflugsziel beliebt. Die felsige Atlantikküste mit ihrer starken Brandung mag aber auch dem einen oder anderen europäischen Besucher gefallen, wenn er dem Trubel der Westküste entfliehen möchte. Nur beim Baden sollten Sie wegen der unberechenbaren Strömungen und der Brandung sehr, sehr vorsichtig sein!

Bridgetown

Sie ist die Hauptstadt der Insel (etwa 100 000 Ew.) und schließt den alten Hafen ein, der eine verbreiterte Mündung des Flusses Constitution River ist. Einen Stadtbummel beginnt man am besten in der Hafengegend. Das alte Hafenbecken trägt den Namen »The Careenage«. Er ist eine Erinnerung an die Zeiten, als hier die hölzernen Segelschiffe an Land gezogen wurden, um Ausbesserungsarbeiten am Rumpf durchzuführen. Auf englisch heißt diese Tätigkeit »to careen«. Noch heute legen hier gelegentlich kleinere Frachtschiffe an. Motoryachten und die Boote der Hochseefischer sieht man fast regelmäßig.

Am Südufer der »Careenage« erstreckt sich die Waterfront Arcade mit einigen Geschäften und

Windmühlen auf Barbados

Restaurants. Nördlich der Chamberlainbrücke, die über den Fluß führt, liegen der Trafalgar Square und die Parlamentsgebäude, in deren Nähe auch die Busse abfahren, die sternförmig alle Ziele auf der Insel ansteuern. Im Süden, hinter der O'Neil Brücke, findet samstags der Fairchild Market statt, ein karibischer Wochenmarkt, wie er bunter, lauter und turbulenter nicht sein könnte. Nach Westen erstreckt sich am Hafen entlang The Wharf, parallel dazu verläuft im Norden die Broad Street, die Haupteinkaufsstraße von Bridgetown. Lassen Sie sich durch den Namen nicht täuschen, die schmale Durchfahrt, die Sie vom Trafalgar Square aus sehen, ist wirklich die »Breite Straße«. Hier drängen sich dicht an dicht nicht nur die Geschäfte, in denen sich die Einwohner der Hauptstadt und der ganzen Insel das kaufen, was sie brauchen, sondern auch eine Reihe von Duty-Free-Shops, die ausländischen Besuchern vorbehalten sind.

Harrison's Cave

In den Informationsbroschüren des barbadianischen Touristenbüros erfährt man, daß die Harrison's Cave »well-developed« (»gut entwickelt«) sei. Darunter kann man sich eigentlich nicht sehr viel vorstellen – wie soll eine Tropfsteinhöhle »entwickelt« sein, und noch dazu »gut«? Wenn Sie dann aber in den kleinen Talkessel hinabfahren, in dem der Eingang zur Höhle liegt, findet sich des Rätsels Lösung: Eine kleine Ansammlung von sechseckigen Holzgebäuden und ein großer Parkplatz eigens für den touristischen Ansturm. In die Tiefe geht es dann nicht etwa auf glitschigen, unebenen Pfaden und schmalen Holzstegen, sondern in einem offenen elektrischen Bus, der Sie auf schmalen Straßen durch die Höhle fährt. Um diese anzulegen, sind teilweise die ursprünglichen Gänge erweitert und begradigt worden. Da das fließende Wasser und die Tropfsteingebilde mittels farbiger Scheinwerfer »effektvoll« zur Geltung gebracht werden, kann man nur mit sehr viel Phantasie erahnen, wie die Höhle vor der »Entwicklung« ausgesehen haben mag. Die englischsprachige Führung weiß jedoch viel Interessantes über die Geschichte der Höhle zu berichten. Trotz des kitschigen und unwirklichen Charakters lohnt ein Besuch auf jeden Fall dann, wenn Sie mit Ihren Kindern Ferien auf Barbados machen; Sie werden einen Heidenspaß haben. *Tgl. außer Karfreitag, Ostern, Weihnachten, erste Tour 9 Uhr, letzte Tour 16 Uhr, Welchman Hall, St. Thomas, Tel. 809/ 438 66 40-5, Eintritt BDS$ 15*

Welchman's Hall Gully

★ Einen Regenwald gibt es auf Barbados nicht – die ausgedehnten Rodungen für die Zuckerrohrplantagen haben schon vor langer Zeit die letzten Spuren der ursprünglichen Vegetation beseitigt. Wenn man dennoch einen Eindruck von der Fülle subtropischer karibischer Flora bekommen möchte, dann sollte Welchman's Hall Gully nicht ausgelassen werden. Ein Tal, das sich im Norden der Insel etwa zwei Kilometer durch Kalksteinfelsen zieht und welches zum Naturschutzgebiet erklärt wurde. Wenn es im Gebüsch raschelt, sind es höchstwahrscheinlich die hier heimischen Kapuzineräffchen, mit denen Sie andernorts sicher schon Bekanntschaft geschlossen haben. Links und rechts des Weges, der durch das Tal führt, stehen unter anderem auch Muskatnußbäume, deren Nüsse Sie getrost als Ergänzung Ihrer Gewürze zu Hause mitnehmen können. *Tgl. 9–17 Uhr, Eintritt BDS$ 4, Kinder unter 12 Jahren die Hälfte, unter 6 Jahren frei, vom Higway 2 aus zu erreichen, St. Thomas*

MUSEUM

Barbados Museum

Im Komplex der Garrison Historical Area, südlich des Stadtzentrums von Bridgetown, kann man neben einer Reihe interessanter militärischer Gebäude aus dem 19. Jh. auch das staatliche Museum besuchen, das im ehemaligen Armeegefängnis untergebracht ist. Sehr schön sind die Möbel aus der Kolonialzeit und sehr anschaulich ist die Ausstellung zur Geschichte des Zuckerrohrs. *Hwy. 7, Garrison Savannah, Mo–Fr 9–18 Uhr, Tel. 809/ 4 35 69 00; Eintritt BDS$ 4*

RESTAURANTS

Barracks

In dem angenehm kleinen Raum des Restaurants wird bei Kerzenschein feine Haute-cuisine serviert. Perfekter, diskreter und freundlicher Service. *Island Inn Hotel, Aquatic Gap, Garrison, St. Michael, Tel. 8 09/4 36 63 93, Kategorie 1*

Brown Sugar

★ In einem Dschungel aus exotischen Pflanzen wird auf überdachten Terrassen unter leise sirrenden Ventilatoren die beste Bajan-Küche serviert. Als Vorspeise oder auch als Hauptgang empfehlen wir »Flying Fish«, ein barbadianisches Nationalgericht! *Mo–Fr, Sa nur abends, Aquatic Gap, St. Michael, Tel. 8 09/4 26 76 84, Kategorie 2*

Waterfront Cafe

Einen Cocktail oder eine kleine Zwischenmahlzeit während Ihres Einkaufsbummels in Bridgetown können Sie sich im Waterfront Cafe an der Südseite des Hafens gönnen. Das Speiseangebot reicht von amerikanischen Fast-food-Klassikern über karibischen Pepperpot bis hin zu westindischen Curries, die so scharf wie die ihrer ostindischen Vettern sind. *The Careenage, Bridgetown, Tel. 8 09/4 27 00 93, Kategorie 2*

Witch Doctor

Das Witch Doctor wird seinem Namen durch die leicht afrikanische Einrichtung und durch die barbadianische Küche gerecht, die den Gast durchaus verzaubern kann. Wenn die allenthalben als Dekorationsmotiv ins Auge fallende stilisierte Maske Gefallen findet, kann man bei der Bedienung eines der hauseigenen T-Shirts erstehen, auf denen sie abgebildet ist. *Nur abends geöffnet, St. Lawrence Gap, Christ Church, Tel. 809/4287856, Kategorie 2*

EINKAUFEN

Broad Street
An der Haupteinkaufsstraße von Bridgetown liegen mehrere Einkaufspassagen, in denen sich Geschäfte mit zollfreien Waren befinden. Der Einkauf lohnt meist wegen der erheblich niedrigeren Preise, die hier für internationale Markenartikel und Spirituosen bezahlt werden. Eine Flasche Mount Gay Rum sollten Sie auf jeden Fall mitnehmen. Zollfrei einkaufen können Sie nur gegen Vorlage Ihres Passes und des Flugtickets. Wenn Sie wollen, können Sie sich Ihre Einkäufe kostenlos zum Abflugtermin an den Flughafen bringen lassen, und sie an einem gesonderten Schalter abholen.

HOTELS

Barbados Hilton International
Das Barbados Hilton wird dem Ruf seiner Kette in jeder Weise gerecht. Der Service ist perfekt und auch durch ausgefallene Wünsche nicht aus der Fassung zu bringen. Das Essen im Hotelrestaurant kann sich ohne weiteres an dem der besseren Restaurants der Insel messen. Die Zimmer entsprechen amerikanischen Komfortvorstellungen. Am künstlich aufgeschütteten, sehr gepflegten Hotelstrand läßt es sich vortrefflich in der Sonne faulenzen. *Needhams Point, St. Michael, Tel. 809/4260200, Kategorie 1–2*

Edgewater Hotel
Das Edgewater liegt abseits der Haupttouristenorte an der Ostküste. Falls Sie Ruhe suchen, Entspannung und kontemplationsfördernde Umgebung, sind Sie hier gut aufgehoben. Die großzügig mit schönen Holzmöbeln eingerichteten Zimmer haben alle Blick auf den Atlantik oder auf den kleinen Fluß, der hinter dem Hotel liegt. Nur das Essen konnte uns nicht so ganz überzeugen. *Bathsheba, St. Joseph, Tel. 809/4339902, Kategorie 1–2*

Island Inn Hotel
★ Die Tatsache, daß das Island Inn nicht direkt am Strand liegt, sollte nicht als Nach-, sondern als Vorteil bewertet werden. Sie führt nämlich dazu, daß man die Annehmlichkeiten eines kleinen, aber erstklassigen Hotels zu einem Preis genießen kann, der dieses Vergnügen noch erschwinglich erscheinen läßt. Der Besitzer Peter Odle und seine schottische Frau legen äußersten Wert auf Stil. Die um den Innenhof und den Swimmingpool liegenden Zimmer sind mit erlesenen Antiquitäten aus ihrem Privatbesitz möbliert, der Hof ist mit Ziegeln gepflastert, die als Ballast auf Segelschiffen aus Europa nach Barbados kamen, Küche und Service sind über jede Kritik erhaben. *Aquatic Gap, Garrison, St. Michael, Tel. 809/4366393, Kategorie 3*

Royal Pavilion

Das Royal Pavilion ist die noble Variante der amerikanischen Resort-Idee. Hier findet man in gepflegten Grünanlagen alles, was das Urlauberherz begehrt. Pool, Tennisplätze, Grillstände und vieles mehr. Die Architektur ist phantasievoll und ganz auf den langen weißen Strand ausgerichtet, die Farbgebung der Gebäude (ein sehr dominierendes Rosa) ist vielleicht nicht jedermans Sache. *St. James, Tel. 809/4225555, Kategorie L*

FESTE UND FEIERTAGE

1. Jan., Karfreitag, Ostermontag, 1. Mo. im Mai, 1. Mo. im August (*Kadooment Day*), 1. Mo. im Okt. (*United Nations Day*), 30. Nov. (*Independence Day*), Dez. (*Santa Claus*), 25. und 26. Dez.

SPIEL UND SPORT

Golf

Sandy Lane Club Meisterschaftsplatz (18 Löcher). *Tel. 809/4221405*

Reiten

Sharon Hill Riding Stables, Tel. 809/4250099

Segeln

Barbados Yacht Club, Tel. 809/4271125

Tennis

Paragon Tennis Club, Hier wird angemessenes Outfit erwartet! Tel. 809/4272054

Tauchen

und andere Wassersportarten *Jolly Roger Watersports, Tel. 809/4260767*

STRÄNDE

Für Sonnenanbeter hält Barbados eine so reiche Auswahl an schönen Sandstränden bereit, daß es ein müßiges Unterfangen wäre, sie alle benennen zu wollen. Allgemein läßt sich feststellen, daß sich an der Westküste eher ältere und betuchtere Gäste im Wasser tummeln, während die Südküste von jüngeren, sportbegeisterten Urlaubern und Einheimischen besucht wird. Aber auch hier, wie immer – keine Regel ohne Ausnahme. Gewarnt werden muß ausdrücklich vor den Stränden an der Ostküste, an denen man sich nur dann ins Wasser wagen sollte, wenn andere Schwimmer in unmittelbarer Nähe sind.

AM ABEND

Baxters Road

Auch auf Barbados gibt es die üblichen Nachtclubs, die abends zur Unterhaltung der Touristen beitragen (Empfehlungen gibt jedes Hotel ab), interessanter ist vielleicht der Besuch eines *bajan rumshop*. Sie finden einige zum Beispiel in der Baxters Raod in Bridgetown. Nach Mitternacht wird es hier, besonders am Wochenende, sehr lebendig. In den Hütten trifft man selten einen Ausländer, hier sind die Einwohner unter sich. Falls man das Gefühl hat, sie wollen dies auch bleiben, sollte man es respektieren.

AUSKUNFT

Barbados Board of Tourism

P. O. Box 242, Harbour Road, Hastings, Bridgetown, Tel. 809/4272623

ANTIGUA

Grünes Gold und Regenwälder

Die kleinen Inseln von Grenada bis St. Lucia bieten Ruhe und eine abwechslungsreiche Natur

Bei den geographischen Bezeichnungen für die verschiedenen Inselgruppen, aus denen die Kleinen Antillen bestehen, herrscht ein herrliches Durcheinander. Einigermaßen klar ist es ja noch bei den Inseln, die aufgrund politischer Gemeinsamkeiten zusammengefaßt werden: bei den französischen oder holländischen Antillen zum Beispiel. Der Wirrwarr fängt jedoch schon bei den Windward und den Leeward Inseln an. Eigentlich bezeichnen diese Namen die Lage der Insel im Verhältnis zu den Passatwinden. Folgerichtig nannten die Spanier, Franzosen, und Holländer die vor der Küste Südamerikas liegenden Inseln die »Inseln unter dem Winde« (leeward) und den Bogen, der sich von Süden nach Norden bis zu den Großen Antillen spannt, die »Inseln über dem Winde« (windward). Aus unerklärlichen Gründen entschlossen sich die Briten jedoch, all ihre Besitztümer von Trinidad bis St. Lucia als die Windward Islands zu bezeichnen und die nördlich davon liegenden, bis hinauf zu den Virgin Islands, als Leeward Islands. Wie willkürlich diese Bezeichnungen sind, zeigt sich darin, daß im Jahre 1940 Dominica von der Verwaltungseinheit der Leeward Islands in diejenige der Windward Islands transferiert wurde.

Wahrzeichen der Kleinen Antillen: Der Vulkankegel des Gros Piton

DOMINICA

»The Nature Island of the Caribbean« nennt die Tourismusbehörde von Dominica ihre Insel. Und dieser Werbeslogan hält auch, was er verspricht. Dominica ist zwar mit seinen 84 000 Einwohnern die größte englischsprachige Insel der Kleinen Antillen (nur Martinique und Guadeloupe haben eine größere Fläche), ist aber nicht so dicht besiedelt. Die Natur ist weder von Industrie, noch vom Tourismus oder der Landwirtschaft zerstört oder verändert worden und somit weitgehend intakt. Dominica war das erste Land, welches Kolumbus auf seiner zweiten Reise in die Neue Welt sichtete.

Er ging allerdings nicht von Bord, da die schroffe Ostküste ein solches Unternehmen nicht erlaubte. Bevor er nach Norden weitersegelte, gab er der Insel allerdings den Namen, den sie auch heute noch trägt. Dominica, nach dem Tag des Herrn, an dem er sie gesichtet hatte. Die Insel wurde – nach dem Besuch von Kolumbus – von den Europäern lange Zeit ignoriert. Mehr oder weniger zwangsweise, denn die kriegerischen Kariben setzten sich gegen jeden Eindringling heftig zur Wehr. Erst zweihundert Jahre nach Kolumbus ließen sich die ersten Franzosen auf Dominica nieder. Deren Herrschaft über die Insel ging zwar im 18. Jh. zu Ende, bildete aber noch lange ein starkes Element unter britischer Oberhoheit. Nun entwickelte sich Dominica wie viele andere Inseln der Kleinen Antillen zu einer »Plantocracy«: Die Geschicke der Insel wurden von reichen Farmern gelenkt, die ihre Plantagen von afrikanischen Sklaven bearbeiten ließen. Die Krise der Zuckerwirtschaft machte auch vor Dominica nicht halt, und erst in den fünfziger Jahren dieses Jahrhunderts brachte der verstärkte Anbau von Bananen (das »grüne Gold«) wieder etwas Stabilität ins Land. Großbritannien entließ ab 1925 Dominica Schritt für Schritt in seine Unabhängigkeit, bis dann 1978 das vollkommen autonome Com-

MARCO-POLO-TIPS FÜR DIE WINDWARD INSELN

1 Boiling Lake auf Dominica
Ein mit sehr heißem Wasser gefüllter Kratersee inmitten einer berauschenden Landschaft (Seite 33)

2 Springfield Plantation of Dominica
Der ideale Ausgangspunkt zum Erkunden des Regenwaldes (Seite 36)

3 Concord Falls auf Grenada
Baden wie Tarzan und Jane: in einem Wasserfall mitten im Dschungel (Seite 38)

4 Die Pitons auf St. Lucia
Eines der Wahrzeichen der Kleinen Antillen (Seite 42)

5 Green Parrot Restaurant auf St. Lucia
Der Restaurantbesitzer ist ein karibisches Original (Seite 43)

6 Hotel Le Sport auf St. Lucia
Perfekter Urlaub für Körperbewußte (Seite 45)

7 Botanical Gardens auf St. Vincent
Der älteste Botanische Garten der Neuen Welt (Seite 44)

8 Die Tobago Cays in den Grenadinen
Eine Gruppe von Inselchen zum Verlieben (Seite 47)

monwealth of Dominica entstand.

Das Landesinnere ist gebirgig, seine Höhenzüge weisen teilweise noch heute vulkanische Aktivität auf, ohne die die Insel nie entstanden wäre. An den schmalen Küstenstreifen im Westen der Insel und in den flachen Tälern des Inneren breiten sich neben den Siedlungen Bananenplantagen und solche mit anderen Agrarprodukten aus. An den Hängen der Ostseite finden sich ausgedehnte Regenwälder, die durch die feuchten Atlantikwinde – die schweren Wolken regnen sich hier ab – entstanden sind. Der Regenwald auf Dominica ist ein sogenannter Stufenwald, in dem sich unter den Schirmen der Urwaldriesen eine Vielzahl von anderen Pflanzen, zum Beispiel Farne, Palmen, Orchideen, Bromelien und Schlingpflanzen ausgebreitet haben.

Natürlich sind in diesen Wäldern zahlreiche Vogelarten beheimatet, zu denen der Sisserou gehört, eine seltene Papageienart, die zum Nationalvogel der Insel erklärt worden ist. Im deutschsprachigen Raum ist Dominica als Kaiseramazone bekannt – und sehr begehrt: Leider wird immer noch nach Vögeln gewildert, die sich in Europa und Nordamerika großer Beliebtheit erfreuen. In den Wäldern tummeln sich zudem unzählige Insektenarten, Schmetterlinge und Käfer, die besonders durch ihre prächtigen Farben auffallen. Giftschlangen gibt es auf Dominica nicht, dafür aber die Hundskopfschlange Boa constrictor, die über zwei Meter lang werden kann. Die Bewohner der Insel haben unverständlicherweise große Angst vor der »Tête de Chien«, die sie sofort töten, wenn sie die Möglichkeit haben. Dabei ist die Boa eher scheu, und kann dem Menschen trotz ihrer Größe kaum gefährlich werden. Neben verschiedenen kleineren Eidechsenarten lebt – besonders gerne an der Westküste – der größere Leguan, der seine Verwandtschaft mit den Dinosauriern schon wegen seines Aussehens nicht leugnen kann.

Eine besondere Rolle in der Fauna Dominicas nimmt das »mountain chicken« ein. Lassen Sie sich nicht durch den Namen täuschen – die Rede ist keineswegs von einer wilden, in den Bergen lebenden Hühnerrasse. Mit diesem Namen wird eine sehr große Froschart bezeichnet, deren Schenkel die Nationalspeise Dominicas sind. (Andere beliebte Gerichte sind übrigens Süßwasserkrebse und gefüllter Krabbenrücken.)

Bevor Sie nun einen Ausflug in die Gebirgswälder unternehmen, sollten Sie sich im Hotel erkundigen, ob es angebracht ist, für bestimmte Routen einen einheimischen Führer zu engagieren. Manche der Wanderungen sind nicht nur anstrengend, sondern können für den Ortsunkundigen auch gefährlich werden. (D 2)

BESICHTIGUNGEN

Boiling Lake und das Valley of Desolation

★ Eine der großen Attraktionen Dominicas macht es dem Besucher ziemlich schwer. Ein Ausflug zum Boiling Lake sollte auf keinen Fall auf eigene Faust unternommen werden, auch mit Führung ist er nur demjenigen anzuraten, der körperlichen Strapazen gewachsen ist. Für den mühseligen Aufstieg und die Rückkehr sollte man geeignetes Schuhwerk tragen, ausreichend Proviant und Wasser mitnehmen und einen ganzen Tag Zeit einplanen. Ist all dies berücksichtigt, wird man dann durch eine Wanderung an Wasserfällen vorbei, durch Schluchten und über Höhenzüge belohnt, die wahnsinnig aufregend ist. Hat man das Valley of Desolation erreicht, ist das Ziel schon greifbar nahe. Das »Tal der Verwüstung« trägt seinen Namen zu Recht. Die heißen Quellen und die Schwefeldämpfe haben jegliche Vegetation absterben lassen, und man findet sich in einer Einöde wieder, die einen bildhaften Eindruck der Hölle vermittelt. Boiling Lake, »Der kochende See«, füllt einen Krater, dessen Seiten 20 bis 30 Meter zum Wasser hinab steil abfallen. Die Oberfläche des Sees ist die meiste Zeit von Wasserdampf verhüllt, da die vulkanische Temperatur das Wasser fast bis zum Siedepunkt erhitzt. Es gibt nur einen Kratersee auf der Welt – in Neufundland –, der den Boiling Lake an Größe übertrifft. *Anfahrt vom Dorf Labat*

Carib Territory

Das Carib Territory südlich des Flughafens Melville Hall an der Ostküste ist das größte geschlossene Siedlungsgebiet der Nachkommen der Urbevölkerung auf den Kleinen Antillen. Die Bewohner der verstreuten kleinen Siedlungen lassen in den Gesichtszügen ihre Abstammung erkennen, doch sind die wenigsten von ihnen reinblütig indianischer Abstammung. Die Behausungen und auch ihr Lebensstil sind fast wie überall auf der Insel: Fernsehantennen auf den Dächern und geländegängige Pick-Up-Trucks vor den Häusern gibt es auch hier. Wenn man Glück hat, kann man dabei sein, wenn der mächtige Stamm eines Gommier-Baumes in ein Einbaum-Kanu verwandelt wird. Spuren der alten indianischen Lebensweise und ihrer handwerklichen Techniken sind nur noch in einem der kleinen Geschäfte zu finden, die am Straßenrand Korbwaren in traditionellen Mustern verkaufen.

Freshwater Lake

Leider hat der See von seiner einstigen Schönheit eingebüßt, seitdem er aufgestaut wurde und für Energieerzeugung und Frischwassergewinnung genutzt wird.

Mini-Mokes

Zu den auffälligsten Fortbewegungsmitteln auf den englischen Kleinen Antillen gehören diese kleinen Flitzer: jeep-ähnliche Viersitzer auf Austin-Mini-Basis, die den geländegängigen Eindruck, den sie erwecken, bei weitem nicht halten. Mit offenem Verdeck sind sie aber auf halbwegs befahrbaren Straßen ein echtes Fahrvergnügen. Außerdem wissen die Einheimischen immer, daß die Fahrer Touristen sind und können sich so rechtzeitig in Sicherheit bringen.

Interessant ist die Wanderung dennoch – zum einen ist die gigantische Wasserpipeline, die vom See hinabführt, eine beeindruckende Anlage, denn das Wasserrohr mit über einem Meter Durchmesser besteht nicht aus teuer importierten Stahlröhren, sondern ist nach Art eines Fasses aus Hartholzplanken von einheimischen Bäumen zusammengefügt. Zum anderen kommt man auf der Höhe des Freshwater Lakes in Regionen, in denen der Regenwald erst dem Nebelwald und dann einer tropischen Bergvegetation weicht, mit niedrigem, windgepeitschtem Buschwerk, mit Moosen und Farnen. *Vom Dorf Laudat sind es etwa 3 km nord-östlich, am Fuß des Morne Macaque*

Roseau

Roseau ist eine reizende Stadt mit ihren 12 000 Einwohnern, die einem das Gefühl vermittelt, man sei in die Kolonialzeit zurückversetzt worden. Keine Hotelhochhäuser, wenige Neubauten, keine Duty-Free-Shops und keine Touristenmassen. Roseau ist das Zentrum der Insel, wenn es um Verwaltungsangelegenheiten oder Handel geht. Farmer und Geschäftsleute kommen wohl mindestens einmal in der Woche nach Roseau, um Behördengänge zu erledigen, um Akkerfrüchte zu verkaufen oder um ganz alltägliche Einkäufe zu machen. Ein Spaziergang durch die Altstadt ist ein geruhsames Unternehmen. Samstagmorgen ist ❂ Wochenmarkt an der Mündung des Roseau River im Nordwesten der Stadt. Ein Besuch lohnt sich, denn Bauern aus der näheren und ferneren Umgebung strömen hier zusammen, um lautstark ihre Waren zu verkaufen. Das Geburtshaus der Schriftstellerin Jean Rhys, welches in der Cork Street steht und jetzt eine kleine, hübsche Pension (Vena's Guest House) beherbergt, lohnt einen Besuch. Und schlendern Sie durch den Botanischen Garten im Südosten der Stadt, er wurde vor über hundert Jahren angelegt und ist mit seinen mächtigen alten Bäumen ein hervorragender Ort, um sich im Schatten auszuruhen.

Sulphur Springs

Die Schwefelquellen können Sie mit dem Auto bequem erreichen, nur die letzten paar Meter geht man besser zu Fuß. Rechnen Sie damit, von spielenden Kindern angesprochen zu werden, die sich als »Guide« anbieten. Früh übt sich ... Ein Führer ist eigentlich nicht nötig, denn der Weg ist leicht zu finden, aber ein lustiges Gespräch mit den Kindern ist einem sicher, wenn man ihr Angebot annimmt, und – das war ja wohl auch klar – sie wollen für ihre Dienste bezahlt werden. Die Quellen entspringen auf einer wenige Quadratmeter großen Fläche. Hier und da blubbert es: Wasser und Gas entweichen aus der Tiefe. Der strenge Geruch von Schwefel kündigt sich schon aus einiger Entfernung an.

Trafalgar Falls

Die beiden Wasserfälle sind ein imponierender und schöner Anblick, besonders weil man sie von einer hölzernen Besucherplattform aus gleichzeitig sehen kann. Der kurze Aufstieg ist landschaftlich allerdings nicht so reizvoll, denn er führt durch eine Großbaustelle, die der Errichtung eines Wasserkraftwerkes dient. *Aufstieg vom Papillote Wilderness Reserve*

RESTAURANTS

La Robe Créole

Hier ist nicht nur das Essen gut. Die Bedienung trägt das Nationalkostüm der Insel, welches sonst nur an Feiertagen angezogen wird. Die farbig karierten Röcke wurden früher von den weiblichen Sklaven getragen. *Mo–Sa, Victoria Street, Roseau, Tel. 8 09/4 48 28 96, Kategorie 1*

HOTELS

Castaways Beach Hotel

Eines der wenigen Strandhotels auf Dominica. Es hat seine eigene Tauchbasis, Tennisplatz und liegt günstig zum Tal des Layou River. *P. O. Box 5, Roseau, Tel. 8 09/4 49 62 44/45, Kategorie 2*

Fort Young

Das Hotel liegt innerhalb der alten Befestigungsanlagen am Meer im Südwesten von Rouseau. Tatsächlich sieht man von den alten Mauern aber nur noch wenig. Die Restaurant- und Barräume sind um einen schönen, teilweise überdachten Innenhof gruppiert, die Zimmer haben Blick auf die Karibik. *P. O. Box 519, Roseau, Tel. 8 09/4 48 50 00, Kategorie 2*

Papillote Wilderness Retreat

Das Papillote bezaubert vor allem durch die Gärten, in denen es liegt. Tropische Pflanzen in überwältigender Fülle, mit betörenden Düften und in berauschenden Farben lassen einen ganz schwindelig werden. Jedoch hat das kleine Hotel inzwischen einen nicht unerheblichen Schönheitsfehler. Es liegt ganz nahe an einem neu errichteten Wasserkraftwerk, das enormen Lärm erzeugt. *P. O. Box 67, Roseau, Tel. 8 09/4 48 22 87, Kategorie 3*

Springfield Plantation

★ Wie der Name schon sagt, ist das Hauptgebäude das *Great House* einer ehemaligen Plantage. Unterhalb der Terrasse, von der aus ein phantastischer Blick durch ein kleines Tal bis auf die weit unten liegende Karibik freigegeben wird, sieht man noch Bananen- und Palmenhaine, die im Süden durch einen kleinen Bach getrennt werden. Hier wohnt man im Regenwald. Die Zimmer entsprechen nicht unbedingt allerhöchstem Komfort und Luxus – unbehandelte Holzwände, Ventilatoren an der Decke, einfache sanitäre Ausstattung – aber dafür dem Charakter der Insel um so mehr. Das Essen ist authentische kreolische Küche. *P. O. Box 41, Roseau, Tel. 8 09/ 4 49 14 01, Kategorie 3*

FESTE UND FEIERTAGE

1. Jan., Karfreitag, Ostermontag, erster Montag im Mai, Pfingstmontag, 3. Nov. *(Unabhängigkeitstag)*, 25. und 26. Dez.

Der Karneval heißt hier *Masquerade* und wird am Montag und Dienstag vor Aschermittwoch gefeiert, doch die Feierlichkeiten kommen schon zwei Wochen vorher langsam in Gang. Am *Creole Day*, dem letzten Freitag im Oktober, tragen die meisten Frauen und Mädchen das Nationalkostüm, in Geschäften, Banken und Büros wird dann fast nur Kreolisch gesprochen.

SPIEL UND SPORT

Segeln
Dominica Tours, Tel. 809/ 4482638

Tauchen
Dive Dominica, Castle Comfort, Tel. 809/4482188

WANDERN

Dominica Tours
Von Bergsteigen über Fotosafaris bis zum Tauchkurs steht alles im Programm (sogar Squash!). *Tel. 809/4482638/2629*

STRÄNDE

Wenn einen die silbergrauen Strände, wie man sie zum Beispiel in der Gegend um Picard an der Westküste südlich der Prince Rupert Bay findet, nicht zum Baden animieren, dann sollte man es mit einem der größeren Flüsse versuchen, an denen sich immer ein paar Stellen finden, die tief genug zum Schwimmen sind.

AUSKUNFT

Dominica Tourist Board
P. O. Box 73, Bath Estate, Roseau, Tel. 809/4482186

GRENADA

Grenada beherrschte im Jahre 1983 für kurze Zeit die internationalen Schlagzeilen, als eine Invasionstruppe der USA, unterstützt durch kleine Kontingente anderer karibischer Staaten, die Insel besetzte und die angeblich kommunistische Regierung stürzte. Begründet wurde dies zum einen mit der behaupteten Bedrohung US-amerikanischer Studenten auf der Insel und zum anderen mit dem Bau eines Großflughafens unter massiver Hilfe Kubas. Dies sahen die USA als Versuch Castros an, sich auf den Kleinen Antillen einen Luftwaffenstützpunkt zu schaffen. Nach der »Hilfsmission« wurde eine provisorische Regierung eingesetzt, die bald demokratische Wahlen durchführte.

Wie so oft, ist die Vorgeschichte dieser militärischen Aktion eine andere, je nachdem von welcher Seite sie berichtet wird. Fest steht, daß nach der Unabhängigkeit Grenadas (1974) das Land von Sir Eric Gairy als Premierminister regiert wurde. Gairy hatte auch schon vor der Unabhängigkeit die Geschicke des Landes geleitet und war anfangs in der Bevölkerung sehr populär. Der Widerstand gegen sein als autoritär und korrupt betrachtetes Regime wuchs jedoch in den siebziger Jahren, und 1979 wurde seine Regierung in einem unblutigen Putsch von dem sozialistisch orientierten *New Jewel Movement* unter Maurice Bishop gestürzt. Bishop war ein mindestens ebenso charismatischer Führer, wie es einst Gairy gewesen war und genoß bis zum Ende in der Bevölkerung großes Ansehen. Während seiner Regierungszeit wurden verschiedene mehr oder weniger erfolgreiche Entwicklungsprojekte begonnen, fast immer mit der Unterstützung Kubas und anderer sozialistischer Staaten. 1983 wurden Bishop und viele seiner Anhänger während eines blutigen Machtkampfes innerhalb der Regierungspartei ermordet – der unmittelbare Anlaß für die Intervention.

Noch heute sind die Meinungen der Einwohner über die Bishop-Zeit und ihr Ende geteilt. Es gibt fanatische Gegner des sozialistischen Experiments, aber auch – gerade unter den jüngeren Leuten – glühende Anhänger des »Märtyrers« Maurice Bishop. Man sollte deshalb in Gesprächen über diese Ereignisse besonders vorsichtig und taktvoll sein.

Heute hat sich Grenada (etwa 115 000 Ew.) von den Wirrnissen erholt. Der Tourismus, der einige Zeit stark zurückgegangen war, hat wieder zugenommen, gefördert durch den inzwischen tatsächlich fertiggestellten großen Flughafen südlich der Hauptstadt St. George's. Der zweite wichtige Wirtschaftszweig ist die Landwirtschaft. Grenada nennt sich selbst »Isle of Spice« (»Gewürzinsel«). Auf der Insel werden neben Zuckerrohr, Kakao und Bananen hauptsächlich verschiedene Gewürze angebaut: Muskat, Gewürznelken, Lorbeer, Ingwer, Zimt, Piment und Tumerik. Der wichtigste Baum der Insel ist der Muskatnußbaum. Grenada ist weltgrößter Produzent von Muskatnüssen und -blüten; die beiden Produkte stellen über die Hälfte der ausgeführten Güter. (D 6)

BESICHTIGUNGEN

Concord Falls

★ Die beiden Wasserfälle in der Nähe des Dorfes Concord sind

Einladung zum Bad: Concord Falls

einen Besuch wert. Der untere Fall ist nicht sehr beeindruckend, und man fragt sich, ob der Aufstieg zum oberen Fall die Mühe lohnt. Und ob er sie lohnt! Der Weg führt etwa 45 Minuten durch Muskatnußbaumwälder sanft nach oben, hin und her über einen kleinen Bach, der den unteren Fall speist. Der Aufstieg selbst ist nicht sehr schwierig, nur die letzten Meter müssen Sie im Bachbett über große Felsbrocken hinaufgehen. Der Wasserfall, den Sie nun zu sehen bekommen, ist viel imponierender als der untere. Mitten im Regenwald stürzt das Wasser über eine Felskante zehn Meter in die Tiefe und wird in einem kleinen Bassin gestaut. Eine eindringlichere Aufforderung zum Baden als dieses Felsenbassin nach dem schweißtreibenden Aufstieg gibt es wohl kaum. *Auf der Küstenstrasse von St. George's aus bis zum Dorf Concord. Die Wasserfälle sind von dort ab ausgeschildert.*

Grand Etang Lake
Im Zentralmassiv der Insel liegt der Kratersee Grand Etang Lake mitten im Regenwald. Der See ist heute Mittelpunkt des Nationalparks. Im Ausstellungszentrum der Nationalparkverwaltung oberhalb des Sees sollte man sich über die einheimische Flora und Fauna informieren, bevor man einen Streifzug durch den Wald unternimmt. *Von St. George's aus geht es auf der Hauptstraße in Richtung Grenville, etwa auf der Mitte der Strecke, der See ist ausgeschildert, Mo–Sa 8–16 Uhr.*

St. George's
Grenadas Hauptstadt – so wird behauptet – sei die schönste Stadt der karibischen Inseln. Wir können das nicht widerlegen, wir haben keine schönere gesehen. Um eine Landzunge und eine Hafenbucht herum gelegen, ziehen sich die Häuser der Stadt (ca. 30 000 Ew.) im Halbkreis die Hügel hinauf. Im Hafen sieht man oft die schneeweißen Kreuzfahrtschiffe liegen. Doch lebhaft geht es auf den Straßen von St. George's immer zu. An der Wharf Road werden die kleinen Frachtschiffe be- und entladen, die zwischen den Inseln verkehren. Jenseits des Hügels liegt an der Granby Street der ❂ Marktplatz, auf dem man sich mit Tüten voller Gewürze eindecken kann. Und an der dem offenen Meer zugewandten ✱ Esplanade herrscht immer Geschäftigkeit und Trubel.

MUSEUM

Grenada National Museum
In dem Gebäude, das zu verschiedenen Zeiten als Kaserne, Gefängnis, Hotel und Lagerhaus gedient hat, kann man heute unter anderem die großen Kupferkessel bewundern, in denen der Zuckerrohrsaft eingekocht wurde. *St. George's, Young/Monckton Street, Mo–Fr 9–15 Uhr, Eintritt $ 0,50, Kinder $ 0,10*

RESTAURANTS

La Belle Créole
Der schöne Blick über die Grand Anse Bay alleine lohnt schon fast einen Besuch. Darüber hinaus ist aber die internationale Küche mit kreolischem Einschlag, die hier gekocht wird, über jeden Zweifel erhaben. *Blue Horizons Cottage Hotel, Grand Anse, St. George's, Tel. 8 09/4 44 43 16, Kategorie 1*

Mama's
Hier wird die kreolische Küche *»grenadian style«* serviert. Erkundigen Sie sich genau, was die einzelnen Speisen enthalten, wenn Sie vor Überraschungen sicher sein wollen – Gürteltier und Leguan gehören nicht unbedingt zu den Gaumenfreuden eines Mitteleuropäers. Es gibt aber auch köstliche Huhn- und Fischgerichte. Keine Kreditkarten. *Lagoon Road, St. George's, Tel. 8 09/ 4 40 14 59, Kategorie 3*

EINKAUFEN

Markt in St. George's
❂ Der Markt ist an sechs Tagen in der Woche Ein- und Verkaufsplatz für die Bewohner der Hauptstadt und ihres Hinterlandes. Und dieser Markt hat Tradition, so wurden hier zum Beispiel zu Zeiten der Franzosen die öffentlichen Hinrichtungen aus-

geführt. Heute dient er allerdings mehr als Versammlungsort für politische Ereignisse oder als Festplatz der feierfreudigen Einwohner Grenadas. *Granby Street*

HOTELS

The Flamboyant Hotel
Am Quarantine Point, dem südlichen Ende des Grand Anse Beach, liegen am Hang die Gästehäuser des Flamboyant. Besonders zu empfehlen sind die Doppelappartements mit zwei Schlafzimmern, einem gemeinsamen Wohnzimmer und einer Küche. Vom Balkon aus hat man einen schönen Blick auf St. George's. *P. O. Box 214, St. George's, Tel. 809/4 44 42 47, Kategorie 3*

Ramada Renaissance
Das größte Hotel der Insel diente während der amerikanischen Invasion der Armee als Hauptquartier. Es ist renoviert worden, und heute sind einem die vielen anwesenden Amerikaner natürlich friedlicher gesonnen. Der Standard entspricht amerikanischen Ansprüchen, z. B. steht in jedem Zimmer ein TV. *P. O. Box 441, Grand Anse, St. George's, Tel. 809/4 44 43 71, Kategorie 2*

Gem Holiday Beach Resort
Die Zimmer sind eher einfach, reizvoll ist dafür die schöne Lage direkt am wenig besuchten Strand der Morne Rouge Bay. Dem Hotel angeschlossen sind die Disko »Fantazia 2001« und das Strandrestaurant »Sur La Mer«, in dem es am Wochenende gute Barbecues gibt. *P. O. Box 58, Morne Rouge, St. George's, Tel. 809/4 44 42 24, Kategorie 3*

FESTE UND FEIERTAGE

1. Jan., 7. Feb. *(Independence Day)*, Karfreitag und Ostermontag, 1. Mai *(Labour Day)*, Pfingstmontag, Christi Himmelfahrt, erster Montag und Dienstag im Aug., 25. Okt. *(Thanksgiving)*, Feste: Jan. (*Regatta*), Ostern (*Easter Regatta*), Mitte Aug. (*Carnival*), 15. Aug. (*National Day*)

Es heißt, sie sei die schönste Stadt der Karibik: St. George's auf Grenada

Von den Wirrnissen der frühen achtziger Jahre hat sich Grenada längst erholt. Und Karneval wird jeden Sommer gefeiert.

SPIEL UND SPORT

Wassersport
Grenada Aquatics Coyaba Beach Resort, Grand Anse Beach, Tel. 809/ 4444129

STRÄNDE

Fast an der ganzen Küste der Insel findet man Strände, die zum Baden einladen. An der Ostküste sollte man sich bei Ortskundigen über die Strömungs- und Brandungsverhältnisse informieren. Der populärste Strand Grenadas ist Grand Anse südlich von St. George's, an dem sich auch eine Reihe von Hotelanlagen befindet. Wem Grand Anse zu unruhig ist – im Vergleich zu manchen anderen Inseln herrscht aber hier noch Beschaulichkeit –, kann bequem über die Landzunge Quarantine Point im Süden der Bucht den Nachbarstrand Morne Rouge erreichen, an dem sich meist nur ein gutes Dutzend Badende aufhält.

AM ABEND

Fantazia 2001
Am Wochenende ist hier der Teufel los! Hauptsächlich Einheimische tanzen zu Reggae, Calypso, Funk und Rap. Oft spielen auch Life-Bands. *Fr und Sa ab 23 Uhr, Eintritt $ 10, beim Gem Holiday Beach Resort, Morne Rouge Bay, Tel. 809/4444224*

AUSKUNFT

Grenada Tourist Office
P.O. Box 293, The Carenage, St. George's, Tel. 809/4402001

INSELN IN DER UMGEBUNG

Carriacou
Sie ist die größte Insel der Grenadinenkette, die sich zwischen Grenada und St. Vincent erstreckt (etwa 7000 Ew.). Nicht nur die Grenadinen selbst, auch die Insel Carriacou ist politisch geteilt. Der Breitengrad, auf dem die Trennungslinie zwischen den grenadischen Grenadinen und den zu St. Vincent gehörenden verläuft, streift die Nordspitze Carriacous. Auf der Insel selbst spürt man aber nichts von dieser Grenze, sie wird nonchalant übersehen. Ein Ausflug von Grenada nach Carriacou ist auf einem der Linienboote am interessantesten. Sie verkehren zwischen den beiden Inseln und segeln an jedem Mittwoch und Samstag von St. George's aus los, und kommen nach vier Stunden in Carriacou an. Montags bzw. donnerstags geht es wieder zurück.

Neben der Hauptstadt Hillsborough lohnt ein Besuch in Windward, wo die Nachfahren schottischer Bootsbauer noch heute ihrem Handwerk nachgehen – Namen wie MacFarlane und MacDonald zeugen von ihrer Abstammung. Sie haben großes Glück, wenn Sie anläßlich einer Bootstaufe oder eines Begräbnisses ein »Big Drum« miterleben können. Die eindrucksvolle Zeremonie mit lauter Trommelmusik und wilden Tänzen beweist, daß in den Adern der Bewohner auch afrikanisches Blut fließt. (D 6)

ST. LUCIA

St. Lucia trägt eines der Wahrzeichen der Kleinen Antillen: Der Doppelkegel der Pitonberge. Er ziert nicht nur viele Postkarten, sondern auch das Titelfoto einiger Bücher über diese Region.

Die Insel (ca. 140 000 Ew.) ist typisch für die ganze Karibik. Anfänglich ignorierten die Spanier das von Kariben bewohnte St. Lucia, da sie vielmehr an den größeren Inseln im Norden und am amerikanischen Festland interessiert waren. Die ersten Siedler wurden immer wieder von den Einheimischen vertrieben, danach stritten sich lange Zeit Franzosen und Briten um die Insel, bis diese sie schließlich – inzwischen hatte die Insel 14mal ihren Besitzer gewechselt – 1814 endgültig zu einer britischen Kronkolonie machten. Erst 1979 erlangte St. Lucia seine volle Unabhängigkeit. Noch heute zeigt sich der starke Einfluß französischer Kultur, die eine unlösliche Verbindung mit englischen und afrikanischen Elementen eingegangen ist.

St. Lucia ist nach Dominica die zweitgrößte Insel der Windward Islands und zeichnet sich hauptsächlich durch seine starke Landwirtschaft aus. Noch heute trägt der Export von Bananen – vor allem nach Großbritannien – wesentlich zum Sozialprodukt bei. Wie auf vielen anderen Inseln auch, ist inzwischen der Tourismus eine weitere Stütze der Volkswirtschaft geworden. Außerdem bemüht sich die Regierung durch Ansiedlung von Leichtindustrie, die Insel konjunkturunabhängig zu machen. (F 4)

BESICHTIGUNGEN

Castries

In der Hauptstadt St. Lucias (ca. 50 000 Ew.) wird sich der lediglich an Baudenkmälern Interessierte tödlich langweilen. Castries wurde bei einem Großbrand im Jahr 1948 fast vollkommen zerstört und danach wieder aufgebaut. Gebäude aus der Zeit vor dem Brand findet man deshalb kaum. Lohnend ist dennoch ein Besuch der Kathedrale am Columbus Square, die innen, trotz des häßlichen Äußeren, freundlich wirkt, da Wände und Decken mit farbenfrohen Dorfszenen geschmückt sind. Falls Sie an einem Samstagvormittag in der Stadt unterwegs sind, sollten Sie auch auf den Markt gehen.

Pitons

★ Das Wahrzeichen der Insel liegt an der Westküste, südlich der Stadt Soufrière. Hier erheben sich direkt am Meer der »Gros Piton« und der »Petit Piton«. Es sind spitze Bergkegel vulkanischen Ursprungs, die über 700 Meter Höhe erreichen.

Der »Petit Piton« ist hoch und schlank, der »Gros Piton« flach und stämmig. Sehr geübte Bergwanderer können den Aufstieg wagen, sie sollten sich aber in Soufrière einen Führer suchen. *Von Soufrière aus auf der Straße nach Süden, Richtung Choiseul*

Regenwald von Fond St. Jaques
Um das Dorf Fond St. Jaques herum breitet sich ein intaktes Regenwaldgebiet aus. Hier gibt es noch Exemplare des seltenen St.-Lucia-Papageis *(Amazona versicolor)*, der eine Zeitlang akut vom Aussterben bedroht war, dessen Bestand sich aber inzwischen wieder auf ca. 350 Tiere erholt hat.

Sulphur Springs und Diamond Falls
Die Bewohner Soufrières lotsen Besucher, die mit dem Leihwagen auf der (übrigens sehr schlechten, malerischen) Küstenstraße von Castries ankommen, mit den Worten »See the Drive In Vulcano« in den Krater eines Vulkans, den man mit dem Auto befahren kann. Der Fortschritt macht auch vor Naturdenkmälern nicht halt! Neben den »Sulphur Springs«, die ihre Anwesenheit durch den Gestank von Schwefeldämpfen ankündigen, lohnt ein Besuch der »Diamond Falls and Baths«, hier kann man sich von den Strapazen bei einem Bad erholen. *Eintritt Sulphur Springs: $ 5. Diamond Baths tgl. 10–17 Uhr*

RESTAURANTS

Dolittles Restaurant
Der Name des Restaurants erinnert daran, daß in der Marigot Bay 1966 Teile des Films »Dr. Dolittle« gedreht wurden. Die zur Bucht gelegenen offenen Räume sind angenehm kühl, so daß man hier bei einem Cocktail oder sehr gutem Essen wunderbar entspannen kann. *Kostenlose Fähre vom Marigot Jetty, Moorings, Marigot Bay Resort, Tel. 809/4534246, Kategorie 3*

Green Parrot
★ Der Besitzer des Green Parrot und des angeschlossenen Hotels ist ein karibisches Original. Nach einer Zeit als Entertainer hat der auf St. Lucia geborene, eher korpulente Harry lange als Koch in einem der besten Hotels in London gearbeitet. Heute leitet er die Küche seines Restaurants und veranstaltet samstags nach dem Essen eine kleine Show – viel Musik, spektakuläre Feuerschlucker, original karibischer Bauchtanz – und der Chef singt persönlich. Das sollte man sich nicht entgehen lassen. Das Essen im Green Parrot gehört zum Besten, was wir auf den Kleinen Antillen bekommen haben, so daß man sich blind den Empfehlungen des Servicepersonals anvertrauen kann. Harry legt großen Wert auf angemessene Kleidung: Herren bitte in Jakkett und mit Krawatte, Damen entsprechend. *P. O. Box 648, Castries, Red Tape Lane, Morne Future, Tel. 809/4523399, Kategorie 2*

EINKAUFEN

Pointe Seraphine
Am Nordrand des Hafens von Castries liegt ein modernes Duty-Free-Shopping-Center, dessen Kunden hauptsächlich von den Passagieren der Kreuzfahrt-

Ein Traum? Nein, ein normaler Abendhimmel von St. Lucia

schiffe kommen. Die Schiffe können zu diesem Zweck sogar an einem eigenen Pier anlegen.

HOTELS

Green Parrot

Auf dem Hügel »Morne« über Castries liegt ein Stadthotel, das nicht nur wegen der schönen Aussicht zu empfehlen ist, sondern auch wegen seines außerordentlich guten Restaurants. *P. O. Box 648, Castries, The Morne, Tel. 8 09/4 52 33 99, Kategorie 2*

Le Sport

★ Das Le Sport verwirklicht die Resort-Idee in nahezu perfekter Form. Im Preis sind die Übernachtung, alle Mahlzeiten und alle Getränke eingeschlossen. Darüber hinaus bietet das Hotel ein vielfältiges Sportangebot – Bogenschießen, Golf, Tennis, Surfen, Tauchen – und alles kostenlos. Wem das noch nicht reicht, der kann sich in einem »Behandlungszentrum« mit Massagen, Packungen, Bädern, autogenem Training und Aerobic verwöhnen lassen – ohne Aufpreis. *P. O. Box 437, Cariblue Beach, Tel. 8 09/4 52 85 51, Kategorie 1–L*

FESTE UND FEIERTAGE

1. Jan., 22. Feb. *(Independence Day)*, Karfreitag und Ostermontag, 1. Mai *(Labour Day)*, Pfingstmontag, 7. Aug. *(Emancipation*

Day), 25. und 26. Dez., Feste: Feb. (*Carnival*), 14. Juli (*Bastille Day*), Ende Aug. (*La Rose Festival*), Ende Okt. (*La Marguerite Festival*), Nov. (*Cäcilia-Tag*)

SPIEL UND SPORT

The Moorings
Segeln und Tauchen. *Marigot Bay, P. O. Box 101, Castries, Tel. 8 09/ 4 53 42 56*

AM ABEND

Halycon Wharf Disko
Open-air Disko. *Mo–Sa ab 21 Uhr, Halycon Beach Club, Tel. 8 09/ 4 52 53 31*

Monroe's
Der abendliche Treffpunkt für die Einheimischen! *Grande Rivière, Gros Islets, Tel. 8 09/4 52 81 31*

AUSKUNFT

St. Lucia Tourist Board
P. O. Box 221, Pointe Seraphine, Castries, Tel. 8 09/4 52 40 94

ST. VINCENT

Auf St. Vincent haben die Kariben den ankommenden Europäern, ebenso wie auf Dominica und St. Lucia, lange Widerstand geleistet. Allerdings war deren Abneigung Afrikanern gegenüber weniger stark. Als sich 1675 nach einem Schiffbruch die Sklaven von einem holländischen Segelschiff zuerst nach Bequia und dann nach St. Vincent retteten, wurden sie von den Indianern freundlich aufgenommen. Nachdem die Briten endgültig ihre Herrschaft über St. Vincent gefestigt hatten – gegen den Widerstand der Franzosen auf der Insel –, mußten sie auch noch der widerspenstigen »Black Caribs« Herr werden. Dies gelang jedoch erst nach blutigen Kriegen und einer Deportation von über 5000 schwarzen Kariben auf eine britische Insel vor der Küste Mittelamerikas im Jahre 1779. Seit 1979 ist St. Vincent (ca. 120 000 Ew.) ein unabhängiger Staat. Die Verbindung zum ehemaligen Mutterland wird nur, wie auf einigen anderen Inseln auch, dadurch dokumentiert, daß die englische Königin nominelles Staatsoberhaupt der repräsentativen Monarchie ist. Die Wirtschaft St. Vincents ist stark von der Landwirtschaft abhängig. Mit Dominica, Grenada und St. Lucia gehört die Insel zu den größten Bananenlieferanten des Vereinigten Königreiches. Außerdem ist St. Vincent der weltgrößte Produzent von Pfeilwurz *(Arrowroot)*, einer stärkehaltigen Pflanze, die zur Herstellung von Computerpapier verwendet wird. (D/E 5)

BESICHTIGUNGEN

Botanical Gardens
★ Der Botanische Garten in Kingstown, der im Jahre 1765 gegründet wurde, ist der älteste der westlichen Hemisphäre. Sie sollten sich einen Führer – sie warten am Eingang auf Kundschaft – mit auf den Rundgang nehmen. *Leeward Highway, tgl. 7–16, Sa 7–11, So 7–18 Uhr, Eintritt frei*

Falls of Baleine
Der Wasserfall im Nordwesten der Insel ist zu Fuß nur schwer zu erreichen. Am besten nimmt man an einer Bootstour teil, die

von verschiedenen Veranstaltern angeboten wird (s.u. Wassersport). Im Preis sind ein Lunch-Picknick und eine Schnorchelpause enthalten. *Bootstour: US$ 35 pro Person*

Fort Charlotte
Die Befestigungsanlage erhebt sich 200 Meter über dem Nordende der Bucht von Kingstown. 1806 wurde sie errichtet und diente der Verteidigung gegen Angriffe von See sowie der Abwehr der »Black Caribs« – viele der alten Kanonen zeigen noch heute landeinwärts. Die Geschichte der »Black Caribs« wird in den Gemächern der Festung auf einer Reihe von Ölgemälden dargestellt. *Tgl. geöffnet, Eintritt frei*

RESTAURANTS

French Restaurant
Hier wird französisch-kreolische Küche geboten. Angeblich ist dies das beste Restaurant der Insel, wir waren etwas enttäuscht. *Villa Beach, Tel. 809/4 58 49 72, Kategorie 2*

Lime N Pub
Gute Snacks und kaltes Bier... *Villa Beach, Kategorie 3*

HOTELS

Umbrella Beach Hotel
Ein einfaches Haus am Strand von Villa. Für Leute mit schmalem Geldbeutel. *P. O. Box 530, St. Vincent, Tel. 809/4 58 46 51, Kategorie 3*

Young Island
Young Island ist eine kleine Insel gegenüber dem Ort Villa, auf der eine erstklassige Hotelanlage liegt. Die Insel erreichen Sie mit einer kleinen Personenfähre. Vom Anleger aus geht es dann vorbei an einem Becken mit kleinen Haien zur Rezeption. Oberhalb der Rezeption und der Restauranträume liegen die Bungalows. *P. O. Box 211, Young Island, Tel. 809/4 58 48 26, Kategorie L*

FESTE UND FEIERTAGE

1. Jan., 22. Jan. *(St. Vincent and Grenadines Day)*, Karfreitag und Ostermontag, Pfingstmontag, erster Montag und Dienstag im Juli *(Caricom Day und Carnival Tuesday)*, 27. Okt. *(Independence Day)*, 25. und 26. Dez.

SPIEL UND SPORT

The Bimini
Eine gute Adresse für Yacht-Charters. Falls Sie eine Crew brauchen, fragen Sie nach Ivan! *P. O. Box 39, Tel. 809/4 56 93 24*

Dive St. Vincent
Tauchen, Schnorcheln und Bootsausflüge *(Falls of Baleine)*. Wenden Sie sich an Bill Tewes. *P. O. Box 864, Tel. 809/4 57 47 14*

AM ABEND

The Attic
Jazz gibt es in dem Lokal über dem Kentucky Fried Chicken Restaurant. *Mo–Sa ab 20 Uhr, Melville Street, Kingstown, Tel. 809/4 57 25 58*

AUSKUNFT

St. Vincent Board of Tourism
P. O. Box 834, Egmont Street, Kingstown, Tel. 809/4 57 15 02

INSELN IN DER UMGEBUNG

Bequia

Bequia ist die nördlichste und größte der zu St. Vincent gehörenden Grenadineninseln (ca. 4000 Ew.). Besonders Port Elizabeth ist ein beliebter Anlaufpunkt für Segler auf dem Weg gen Süden. In Paget Farm gibt es noch einige ältere Männer, die in der Zeit von Februar bis Mai auf Walfang gehen, – und das in kaum zehn Meter langen Holzbooten, die nur mit Rudern und Segelkraft angetrieben werden. Vielleicht hat Greenpeace auch deshalb bis jetzt keine Einwände erhoben.

Am schönsten wohnen läßt es sich auf Bequia im Frangipani Hotel, *P. O. Box 1, Bequia, Tel. 809/4583255, Kategorie 2* (D 5)

Canouan

Am Wochenende spielt in der zum Strand hin offenen Bar des Canouan Beach Hotels eine Steelband zum Tanz. Die Insel ist klein (700 Ew.) und sehr, sehr ruhig. *Canouan Beach Hotel, Tel. 809/4588888, Kategorie 1* (D 5)

Mayreau

Auf der ganzen Insel gibt es nur ein Hotel, das auch gerne von Seglern heimgesucht wird, da das Essen besonders gut ist. *Salt Whistle Bay Club, Kategorie 1* (D 5)

Mustique

Mustique gehört zu den exklusivsten Inseln der Kleinen Antillen (ca. 500 Ew.). Hier haben David Bowie, die Jaggers und Princess Margaret ihre Ferienhäuschen. Falls man mehrere Tausend Dollar für eine Woche Aufenthalt bezahlen möchte, kann man die Datschen auch mieten, wenn die Eigentümer ihren anderen Beschäftigungen nachgehen. Der Inseltreffpunkt ist Basil's Bar – die Tatsache, daß man hier vielleicht einen Prominenten an der Theke entdeckt, muß man aber auch mit überhöhten Preisen bezahlen. *Basil's Bar, Britannia Bay, Tel. 809/4584621, Kategorie 2–3* (D 5)

Tobago Cays

★ Die kleine Gruppe von Inselchen ist ein bevorzugter Ankerplatz für die in den Grenadinen kreuzenden Yachten und für Tauchveranstalter, die von St. Vincent aus hierherkommen. Die Eilande selbst sind unbewohnt, und während der Saison übernachten hier höchstens ein paar Einheimische, die tagsüber mit ihren Motorbooten von Segelboot zu Segelboot schippern, um Obst und Souvenirs zu verkaufen. Die Gewässer zwischen den Inseln sind ein ideales Tauch- und Schnorchelrevier. (D 5)

Union Island

Union Island ist die südlichste der zu St. Vincent gehörenden Grenadinen (ca. 2000 Ew.). Vom kleinen Flughafen aus (mit ampelbewehrtem Fußgängerübergang...) kommt man nach St. Vincent, aber auch nach Carriacou und Grenada. Zwischen Hafen und Flughafen liegt der Anchorage Yacht Club, der hauptsächlich von Seglern aus Martinique besucht wird. Im Bassin vor der Hotelbar schwimmen als Unterhaltung für die Gäste ein paar Haie. *Anchorage Yacht Club, Union, Tel. 809/4588221, Kategorie 2* (D 5)

HINATOWN
AIR FRANCE

Ein Papillon im Meer

Guadeloupe ist wie ein Schmetterling geformt. Auch die anderen französischen Inseln, zusammen ein Département der Grande Nation, haben viel vom Flair der Riviera

Martinique, Guadeloupe und die kleineren Inseln sind französischsprechende Enklaven in der sonst anglophonen Region der Kleinen Antillen. Nördlich und südlich, sogar auf Dominica, das zwischen den beiden großen französischen Inseln liegt, ist Englisch die Amtssprache. Hier finden sich höchstens im Patois, der kreolischen Mischsprache, noch ein paar französische Elemente. Erst auf der Westseite der Insel Hispaniola, in Haiti, gibt es wieder französischsprechende Einwohner. Die Französischen Antillen sind keine selbständigen Staaten wie Grenada, Barbados oder andere, noch gehören sie zu den letzten Kolonien, wie die British Virgin Islands oder Montserrat. Vielmehr sind es überseeische Departements Frankreichs. Ihre Einwohner besitzen die französische Staatsbürgerschaft, sie sind bei den französischen Wahlen stimmberechtigt und unterliegen den französischen Gesetzen. Der französische Franc ist die offizielle Währung, das Schulsystem ist französisch wie die Küche und die Lebensart.

Martinique: subtropisches Frankreich

Die Verbundenheit mit Frankreich hat zahlreiche Vorteile für die Inseln. Dank der finanziellen Unterstützung aus Paris sind die wirtschaftlichen Strukturen gefestigt. Die medizinische Versorgung zum Beispiel oder die Sozialleistungen entsprechen eher europäischem als karibischem Niveau. Die Inseln sind trotz einiger Probleme wohlhabender und weniger vom Tourismus abhängig als viele ihrer Nachbarn. Aber die Lebenshaltungskosten sind auch deutlich höher als anderswo in der Karibik. Und das bemerkt auch der Tourist: Ein Urlaub auf Martinique ist nicht preiswerter als einer an der Französischen Riviera, nur die Anreise ist noch teurer . . . Wenn aber Geld kein Problem ist und Sie frankophil veranlagt sind, können Martinique oder Guadeloupe ideale Urlaubsorte sein, die alle Vorteile der *Grande Nation* und der Karibik in sich vereinen.

GUADELOUPE

Die Kariben haben mehr Phantasie bei der Namensgebung der Insel bewiesen als Kolumbus (er nannte sie nach der »Heiligen Jungfrau von Guadeloupe« in Spanien), bei ihnen hieß sie «Karukera« – Insel der Schönen Gewässer.

Die Form der Insel (ca. 341 000 Ew.) gleicht einem Schmetterling, die beiden Flügel sind lediglich durch einen schmalen Landstreifen miteinander verbunden. Der östliche, also der kleinere Flügel heißt »Grande-Terre«, ist ein relativ flaches Kalksteinplateau korallinen Ursprungs und wird landwirtschaftlich genutzt. Die westliche Hälfte heißt »Basse- Terre«, hier erheben sich Berge vulkanischen Ursprungs bis zu einer Höhe von fast 1500 Metern. Ein großer Teil des Landesinneren von »Basse-Terre« wird vom Nationalpark *Parc Naturel de la Guadeloupe* eingenommen.

Zum Département Guadeloupe gehören außer den kleineren vor der Küste liegenden Inseln auch das weiter entfernte St. Martin und St. Barts. Guadeloupe ist immer die etwas ärmere Schwester Martiniques gewesen und wird auch heute noch als solche angesehen. Die beiden kleineren Inseln St. Martin und St. Barts sind als wohlhabend zu bezeichnen. Seit den siebziger Jahren steigen aber auch auf Guadeloupe die Besucherzahlen an, und langsam machen sich Zeichen eines Strukturwandels bemerkbar, der vielleicht auf die Dauer zu einer wirtschaftlichen Gesundung führen könnte. Zur Zeit sind aber noch fast vierzig Prozent der Erwerbsfähigen arbeitslos. (D 1/2)

BESICHTIGUNGEN

Basse-Terre
Die hübsche kleine Hafenstadt an der Südwestküste liegt am Fuße des Vulkans La Soufrière. Obwohl sie sehr viel kleiner (20 000 Ew.) ist als Pointe-à-Pitre, ist sie dennoch Verwaltungssitz des gesamten Départements. An den schmalen Straßen und kleinen palmenbestandenen Plätzen liegen einige schöne Bauten französischer Kolonialarchitektur und im Süden findet man die Ruinen des Fort Saint-Charles. *Fort Saint-Charles: Tgl. 9–12 und 14–17 Uhr, Eintritt frei*

Cascade aux Ecrevisses
An der La Traversée genannten Straße, die Basse-Terre durchquert (auf Karten trägt sie die Bezeichnung D 23), liegt auf halber Strecke mitten im Parc Naturel ein schöner Wasserfall, den man auf einem ausgezeichneten Pfad vom Parkplatz aus erreicht.

Gosier
Das Örtchen liegt etwa fünf Kilometer südöstlich von Pointe-à-Pitre an der Südküste von Grande-Terre. Ein echter Touristenort mit Hotels, Restaurants, Diskotheken und Boutiquen, in dem man sich an die Gestade des Mittelmeers versetzt fühlt.

Parc Naturel de la Guadeloupe
★ Der Nationalpark nimmt einen großen Teil von Basse-Terre ein. Innerhalb seiner Grenzen findet man ausgedehnte Regenwälder, den Vulkan La Soufrière, mehrere Wasserfälle und ein Netz von Wanderwegen, mit denen einem die verschiedenen Sehenswürdigkeiten erschlossen werden. Beim Tourist Office gibt es eine Informationsbroschüre, die auch Auskunft über den Routenverlauf und die verschiedenen Wege gibt.

MARCO-POLO-TIPS FÜR DIE FRANZÖSISCHEN ANTILLEN

1. **Parc Naturel de la Guadeloupe**
   Ein gut erschlossener Nationalpark (Seite 50)
2. **Mont Pelée auf Martinique**
   Vulkan mit Aussicht (Seite 54)
3. **St-Pierre auf Martinique**
   Das untergegangene Pompeji der Karibik (Seite 55)
4. **Marigot auf St. Martin**
   Eine Stadt mit dem Flair der französischen Riviera (Seite 59)

Pointe-à-Pitre
Pointe-à-Pitre (80 000 Ew.) ist das wirtschaftliche Zentrum der Insel. Die Stadt ist nicht besonders attraktiv, bietet aber neben einigen guten Restaurants auch viele Einkaufsmöglichkeiten, die nicht anders sind als in den Metropolen Europas. Das Zentrum der Stadt liegt um die *Place de la Victoire*, ein schöner kleiner Park mit schattenspendenden Bäumen am Wasser. Hier findet auch der Wochenmarkt statt, eine Gelegenheit, bei der man spürt, daß man sich doch noch in der Karibik befindet und nicht in Frankreich.

Saint-Claude
Der Vorort von Basse-Terre liegt am Hang des Vulkans La Soufrière. Von der Picknickstelle im Ort hat man einen schönen Blick auf den Vulkan; man kann natürlich auch weiter hinauffahren.

La Soufrière
Mit 1484 Metern ist La Soufrière nicht nur der höchste Berg Guadeloupes, sondern auch die größte Erhebung der Kleinen Antillen. Der Aufstieg zum Krater lohnt sich, zumal man mit dem Auto bis auf 1100 Meter Höhe fahren kann – durch subtropischen Regenwald, der zum Erkunden animiert. Vom Parkplatz auf der Savane à Mulets sind es dann noch 300 schwierige Meter Aufstieg. Ein Teil des Weges führt durch feucht-kalte Wolkennebel, die leider am Krater oft die Sicht beeinträchtigen (Chancen auf klare Sicht hat man in der Mittagszeit).

MUSEUM

Musée Schoelcher
Das Museum ist dem Elsässer Victor Schoelcher gewidmet, der im 19. Jh. für ein Ende der Sklaverei auf den französischen Antillen kämpfte. *24, rue Peynier, Pointe-à-Pitre, Mo–Fr 9–12 und 14.30–17.30 Uhr, Eintritt 5 FF*

RESTAURANTS

Auberge de la Vieille Tour
Französische Küche im großen, stilvollen Rahmen und ausgezeichnete sowie teure Weine auf der Karte. *Route du Gosier, Tel. 5 90/84 23 23, Kategorie L*

Chez Clara

Das Restaurant ist bei den Einheimischen sehr populär, darum muß man auch auf die guten kreolischen Gerichte wegen des großen Andrangs etwas länger warten, was sich aber durchaus lohnt. *Do–Di, Boulevard St.-Charles, Sainte Rose, Tel. 5 90/28 72 99, Kategorie 2*

Les Tortues

In dem kleinen Strandrestaurant gibt es phantastisch zubereiteten kreolischen Fisch mit vielen Kräutern und Gewürzen. *Duche, Bouillante, Tel. 5 90/98 82 83, Kategorie 1*

EINKAUFEN

Die meisten Geschäfte liegen am Hafengelände von Pointe-à-Pitre. Die besten »Schnäppchen« sind Kosmetik und Parfum, Seidentücher, Kristall, Porzellan, Tabak und Spirituosen.

HOTELS

Auberge de la Vieille Tour

Die alte Zuckermühle, die dem Hotel den Namen gibt, beherbergt eine Souvenir-Boutique, Restaurants, eine Bar, Tennisplätze und Swimmingpool. Außerdem verfügt das Haus über einen eigenen kleinen Strand. Der Standard ist hoch, die Übernachtungspreise sind gleichwohl unangemessen teuer. *Gosier, Tel. 5 90/84 23 23, Kategorie 1*

Relais de la Soufrière

Das Hotel, welches am Hang des Vulkans liegt, strahlt die morbide Grandezza vergangener großer Zeiten aus, als man es vermutlich mit Fug und Recht als Grand Hotel bezeichnen konnte. *Saint-Claude, Tel. 5 90/80 01 27, Kategorie 2*

Denkmal auf Guadelupe: Victor Schoelcher

FESTE UND FEIERTAGE

1. Jan., Karfreitag und Ostermontag, Pfingstmontag, 1. Mai, 14. Juli *(Fête Nationale)*, 21. Juli *(Jour de Schoelcher)*, 1. Nov. *(Toussaint)*, 11. Nov. *(Armistice 1918)*, 25. Dez., Feste: Feb. *(Karneval)*, Aug. *(Festival der Köchinnen)*

SPIEL UND SPORT

Wandern

Wandern im Nationalpark kann man auf eigene Faust (das Touristenbüro hat eine gute Broschüre) oder mit Führer: *Organisation des Guides de Montagne de la Caribe, Maison Forestière, Matouba, Tel. 5 90/80 05 79*

Wassersport

Die meisten Hotels an der Südküste von Grand Terre verfügen über Surfbretter und Schnorchelausrüstungen, auch Wasserski- oder Tauchausflüge können arrangiert werden.

STRÄNDE

Von den vielen schönen Badestränden zwischen Gosier und St-François auf Grande-Terre ist der schönste vielleicht *Ste-Anne*. An der Westküste von Basse-Terre gibt es viele kleine Buchten mit leeren Stränden, die aber teilweise nur nach einem mühseligen Abstieg von der Küstenstraße erreicht werden können.

AM ABEND

Casino de Gosier les Bains
Im Spielcasino herrschen eher europäische als nordamerikanische Verhältnisse, es gibt keine Spielautomaten, und die Kleidung sollte korrekt sein. *Zutritt erst ab 21 Jahren, Gosier, Tel. 5 90/84 18 33, Eintritt $ 10*

AUSKUNFT

Office du Tourisme de Pointe-à- Pitre
Square de la Banque, Place de la Victoire, Tel. 5 90/82 09 30

Office du Tourisme de Basse-Terre
Maison du Port, Tel. 5 90/81 24 83

INSELN IN DER UMGEBUNG

Marie-Galante
Marie-Galante ist die größte der kleinen Inseln, die vor Guadeloupe liegen. Die schönen Strände ziehen vor allem die Einheimischen von Guadeloupe an, Fernreisende trifft man hier selten. Auf der Insel wurde früher Zucker angebaut, und noch heute sieht man die Ruinen alter Zuckermühlen und einige alte Plantagenhäuser. (D 1/2)

Iles des Saintes
Die meisten Einwohner der beiden einzigen bewohnten Inseln von Les Saintes – acht sind es – stammen von bretonischen Fischern ab. Vor der Inselkette fand 1782 eine entscheidende Seeschlacht statt, in der der englische Admiral Rodney die Franzosen vernichtend schlug. Die Franzosen versuchten die Insel Jamaica anzugreifen. Das Muse-

Die Kariben nannten Guadeloupe »Karukera«: Inseln der schönen Gewässer

um im Fort Napoleon schildert die Ereignisse aus französischer Sicht. *Unterkunft: Auberge des Anacardiers, La Savane, Terre-de-Haut, Tel. 5 90/99 50 99, Kategorie 2*

MARTINIQUE

Auf Martinique soll es die schönsten Mädchen der Karibik geben – schön sind sie, aber man tut den Frauen der anderen Inseln sicher unrecht. Die Insel (ca. 337 000 Ew.) teilt mit vielen anderen in der Region eine unruhige Geschichte. Sie wechselte mehrmals zwischen Briten und Franzosen. 1762 wurde sie von den Engländern besetzt, um sie dann später im Tausch gegen Kanada, Senegal, St. Vincent und Tobago an Frankreich zurückzugeben. Dieser Tausch war damals aus französischer Sicht sinnvoll, da Martinique (und Guadeloupe) wichtige Zuckerproduzenten waren. Noch heute ist Martinique vorwiegend eine landwirtschaftlich genutzte Insel, zu deren Exportgütern neben Zucker und Rum auch Bananen und Ananas gehören. (D/F 3)

BESICHTIGUNGEN

Fort-de-France

Zur Hauptstadt wurde der Ort erst 1902, nachdem St-Pierre bei einem Vulkanausbruch untergegangen war. Heute ist Fort-de-France eine florierende Metropole (ca. 177 000 Ew.), die französischen Flair versprüht. Sehenswert sind das *Fort St-Louis,* welches militärisch genutzt wird und deshalb nicht immer zugänglich ist und das *La Savane* genannte Parkgelände an der Baie des Flamands. Hier stehen die

Statue der Kaiserin Joséphine

Statuen der Kaiserin Joséphine (die Frau Napoleons wurde auf Martinique geboren) und des Anführers der ersten französischen Siedler auf der Insel, Pierre Belain d'Esnambuc. An der wasserzugewandten Seite des Parks werden für die Touristen an überdachten Ständen allerhand mehr oder weniger kitschige Souvenirs feilgehalten.

BESICHTIGUNGEN

Mont Pelée

★ Sie können den 1397 Meter hohen Mont Pelée im Norden der Insel mit dem Auto erreichen. Auf halber Strecke den Vulkan hinauf befindet sich ein Parkplatz mit einer Aussichtsplattform, von der aus Sie einen schönen Blick hinunter auf den Atlantik haben. Die unternehmungslustigen Besucher können von hier aus bis zum Krater hinaufsteigen. *Anfahrt über die Route de la Trace bis nach Morne Rouge.*

Rocher du Diamant

Den Franzosen war das Felseneiland vor der Südküste Martiniques Anfang des 19. Jh. anderthalb Jahre lang ein Dorn im Auge. Eine kleine Besatzung britischer Soldaten und Seeleute waren auf diesem unsinkbaren Schlachtschiff stationiert und bombardierten vorbeifahrende französische Schiffe. Die Engländer tauften ihr Felsenschiff »His Majestic Ship Diamond Rock«, und noch heute salutieren vorbeifahrende britische Schiffe.

Sacré-Coeur de Balata

Falls Sie noch nie die Gelegenheit hatten, sich in Paris die Kathedrale Sacré-Coeur anzusehen, können Sie das hier in der Karibik nachholen. Die Kirche im kleinen Ort Balata nördlich der Hauptstadt ist eine genaue Nachbildung des Pariser Originals.

St-Pierre

★ Das Unheil brach am 8. Mai 1902 morgens um acht Uhr über die Stadt herein. Die Bewohner von St-Pierre hatten das warnende Grummeln des Mont Pelée in den vergangenen Tagen ignoriert, und ebenso die Flucht aller Tiere. Und plötzlich verwandelte der Vulkan mit einem glühenden Aschenregen innerhalb von drei Minuten die Hauptstadt Martiniques in ein karibisches Pompeji.

Von den Einwohnern soll nur einer den Ausbruch überlebt haben – eingeschlossen in einer Zelle wegen Trunkenheit. Das kleine Dorf, das heute den Namen St-Pierre trägt, steht an der Stelle der untergegangenen Stadt. Eine Reihe von Gebäuderesten kann besichtigt werden, unter anderem die lebensrettende Gefängniszelle. In einem vulkanologischen Museum kann man sich über den Hergang der Naturkatastrophe informieren.

MUSEEN

Musée Départementale de Martinique

Im Nationalmuseum der Insel sind Ausstellungen zur indianischen Vergangenheit Martiniques und zur Geschichte der Sklaverei zu sehen. *Mo–Fr 9–13 und 14–17 Uhr, Sa 9–12 Uhr, 9, rue de la Liberte, Fort-de-France, Tel. 5 96/71 57 05*

Musée du Rhum

Das Museum ist in einem schönen Gebäude aus der Kolonialzeit untergebracht. Die Ausstellung informiert über alle Facetten der Rumdestillation. Zur Besichtigung gehört auch ein Rundgang durch die heutige Brennerei und eine Kostprobe. *Mo–Fr 9–17 Uhr, Sa und So 9–13 Uhr, Saint James Distillery, Sainte-Marie, Tel. 5 96/75 30 02*

RESTAURANTS

La Belle Epoque

Man sollte unbedingt einen der neun Tische auf der Terrasse vorbestellen, sie sind sehr begehrt. Versuchen Sie einmal die Entenbrust in Mangosauce! *Di–Sa, Route de Didier, Fort-de-France, Tel. 5 96/64 01 09, Kategorie 1*

Ti Sable

Kreolisches Restaurant im Kolonialstil. Sehr schön am Strand gelegen. *Di–Sa, Grande Anse, Tel. 5 96/68 62 44, Kategorie 2*

La Villa Créole
Kreolische und französische Küche. Freundliche Atmosphäre, jeden Abend werden die Gäste mit Musik und Tanz unterhalten. *Di–Sa, Mo mittags, Anse Mitan, Trois-Ilets, Tel. 5 96/66 05 53, Kategorie 1*

EINKAUFEN

Fort-de-France gilt als das »Paris der Karibik«. Hier können Sie sowohl die internationalen Designernamen als auch einheimische Avantgarde finden. Die exklusivsten Geschäfte sind in der *Rue Victor Hugo, Rue Antoine Siger, Rue Lamartine* und *Moreau de Jones.*

HOTELS

Diamant Les Bains
Das familiengeführte Hotel liegt im Zentrum des Ortes Le Diamant. Zum Hotel gehören auch einige Bungalows. *Le Diamant, Tel. 5 96/76 40 14, Kategorie 2*

Plantation de Leyritz
Inmitten riesiger Ananasfelder liegt das Hotel. Die Gäste können im ehemaligen Küchenhaus untergebracht werden, welches schön restauriert wurde. Ein kleiner Nachteil ist, daß das einstige Herrenhaus der Plantage ein beliebter Ausflugsort ist, der tagsüber unzählige Touristenbusse anzieht. Am späten Nachmittag wird es dann wieder ruhiger.
Basse-Pointe, Tel. 5 96/78 53 08, Kategorie 1

Saint Aubin Hotel
Geradezu wildromantisch liegt das Hotel an der Atlantikküste. Die Anlage ist großzügig, die Freizeitmöglichkeiten vielseitig. *P. O. Box 52, La Trinité, Tel. 5 96/ 69 34 77, Kategorie 1*

FESTE UND FEIERTAGE

1. Jan., Karfreitag und Ostermontag, Pfingstmontag, 1. Mai, 14. Juli *(Fête Nationale)*, 21. Juli *(Jour de Schoelcher)*, 1. Nov. *(Toussaint)*, 11. Nov. *(Armistice 1918)*, 25. Dez., Feste: Feb. *(Karneval)*, Juli *(Festival Culturel)*, Dez. *(Musikfestival)*

SPIEL UND SPORT

Golf
Golf Départemental des Trois-Ilets, Trois-Ilets, Tel. 5 96/68 32 81

Segeln
Yacht Club de la Martinique Carénage, Fort-de-France, Tel. 5 96/ 70 23 60

Tauchen
Carib Scuba Club Saint-Pierre, Tel. 5 96/55 59 84 (M. Guichard Diot)

Tennis
Tennis Club de la Martinique, Anse Madame Schoelcher, Tel. 5 96/ 61 20 01

STRÄNDE

Schöne Strände gibt es bei Le Diamant (mit Blick auf den vorgelagerten *Rocher dù Diamant*). Empfehlenswert ist auch Les Salines am Südzipfel.

AM ABEND

Disko
Elysée Matignon
Di–So, 109, rue Ernest Deproge, Fort-de-France, Tel. 5 96/63 17 06

Die Bucht von Gustavia auf St. Barthélemy: Auch Schweden und Malteserritter ankerten hier gerne

Jazzclub
La Carafe
11 rue Lamartine, Fort-de-France, Tel. 5 96/63 16 16

AUSKUNFT

Office Départemental du Tourisme de la Martinique
Boulevard Alfassa, Fort-de-France, Tel. 5 96/63 79 60

ST. BARTHÉLEMY

Obwohl St. Barts oder St. Barth's, wie die Insel allgemein genannt wird, mehr als 230 Kilometer nördlich von Guadeloupe liegt, gehört sie doch zum Département Guadeloupe. Auf der wenig mehr als 20 Quadratkilometer großen Insel leben 3500 Einwohner, die meist normannischer oder bretonischer Abstammung sind. Nachdem sich unter anderem die Schweden und die Malteserritter zwischendurch als Besitzer der Insel versucht hatten, fiel sie 1878 an Frankreich zurück, zu dem sie schon im 18. Jh. gehört hatte. Heute lebt die Insel hauptsächlich vom Tourismus und den Einnahmen, die sie als Freihafen erwirtschaftet. (B 3)

BESICHTIGUNGEN

Corossol
In diesem kleinen Fischerdörfchen gehen die Frauen noch in ihrer traditionellen Tracht. Sie verkaufen Flechtwerk und andere Handarbeiten. *Etwa 2 Kilometer nordwestlich von Gustavia*

Gustavia
Dem Hauptort merkt man trotz des Feuers, welches 1852 hier wütete, vor allem wegen seiner Architektur den Einfluß Schwedens an, nach dessen König es benannt ist.

Saint-Jean
Die Bucht und der gleichnamige kleine Ort, in dessen Nähe auch der Flughafen liegt, ist das Haupturlaubsgebiet der Insel. Hier sind die Restaurants, Hotels, Bars und andere Vergnügungsstätten.

MUSEUM

Inter Oceans Museum
Das Museum beherbergt eine erstaunliche Muschelsammlung mit Exemplaren aus der ganzen Welt. *Corrosol, Tel. 5 90/27 62 97, tgl. 10–17 Uhr, Eintritt FF 20*

RESTAURANTS

Castelets
Das romantische Restaurant ist sehr empfehlenswert, denn der französische Koch aus Marseilles beherrscht die »Haute cuisine« perfekt. Unbedingt einen Tisch reservieren! *Hotel Guanahani, Do bis Mo, Morne Lurin, Tel. 5 90/27 66 60, Kategorie 1*

Chez Francine
Das Strandrestaurant bietet gute Snacks und Mittagessen für Sonnenhungrige und Wasserratten. *Plage de St. Jean, Tel. 5 90/27 60 49, Kategorie 3*

EINKAUFEN

Zollfreie Waren wie Schmuck, Kosmetik, Parfum, Porzellan, Spirituosen und Tabak sind besonders günstig. Das *St. Jean's Commercial Center* ist eine Ansammlung unterschiedlichster Geschäfte. *St. Jean*

HOTELS

Filao Beach
Ein Hotel zum Wohlfühlen. Auch wenn es am berühmten St. Jean-Strand liegt, findet man hier Luxus, ohne mit dem Jet-set wettstreiten zu müssen. *Ende Aug. bis Mitte Okt. geschl.. P. O. Box 167, St. Jean, Tel. 5 90/27 64 85, Kategorie 1*

François Plantation
Das Hotel verwöhnt seine Gäste in schön gelegenen Bungalows mit Blick aufs Meer. Allerdings liegt es oben in den Hügeln, so daß man einen Leihwagen braucht, um an den Strand zu kommen. *Sept. und Okt. geschl., Colombier, Tel. 5 90/27 78 82, Kategorie 1*

FESTE UND FEIERTAGE

1. Jan., Karfreitag und Ostermontag, Pfingstmontag, 1. Mai, 14. Juli *(Fête National)*, 21. Juli *(Jour de Schoelcher)*, 1. Nov. *(Toussaint)*, 11. Nov. *(Armistice 1918)*, 25. Dez., Feste: Feb. *(Musikfestival und Karneval)*, Ende Aug. *(Festival)*, Dez. *(Route du Rose Regatta)*

SPIEL UND SPORT

Tennis
Sports Club of Colombier, Tel. 5 90/ 27 61 07

Wassersport
Yacht Charter Agency, Tel. 5 90/ 27 62 38

STRÄNDE

Neben der Bucht von St. Jean, in der sich die High Society trifft oder diejenigen, die dazugehören wollen, ist auch Lorient zu empfehlen: wegen der Wellen ideal zum Surfen.

AUSKUNFT

Office du Tourisme
Mo–Fr 7.30–12 und 14–18 Uhr, Mi nachm. geschl., Mairie de St. Barth, Rue August Nyman, Gustavia, Tel. 5 90/27 60 08

ST. MARTIN

Auf St. Martin gibt es einen holländischen (Sint Maarten) und einen französischen Teil (St. Martin). Von der Staatsgrenze merkt man auf der Insel wenig, und wenn man nicht darauf achtet, fährt man auf der Hauptstraße an der Grenzmarkierung vorbei. Aber die beiden Teile unterscheiden sich durchaus. Der französische bietet luxuriöse Hotels und exquisite Restaurants. Der holländische ist auf den amerikanischen Massentourismus ausgerichtet. (A/B 3)

BESICHTIGUNGEN

Marigot
★ Besonders am Yachthafen der Hauptstadt von St. Martin fühlt man sich fast an die französische Riviera versetzt. Ruhen Sie sich in einem der Straßencafés bei einem *café au lait* aus und schauen Sie den Flaneuren hinterher. Auf dem Marktplatz geht es dann schon wesentlich karibischer zu …

RESTAURANT

La Vie En Rose
Das Restaurant am Marktplatz von Marigot bietet gute französische Küche, die aber auch nicht ganz billig ist. *Boulevard de France, Marigot, Tel. 5 90/87 54 42, Kategorie 1*

EINKAUFEN

Kleidung, Schmuck, Kosmetik und Spirituosen. Die besten Geschäfte befinden sich in Marigot in der *Rue de la Liberté* und der *Rue de la République.*

HOTELS

L'Hotel Palm Plaza
Im Herzen Marigots liegt dieses einfache, preisgünstige Hotel mit 21 Zimmern. *Rue de la République, Marigot, Tel. 5 90/87 51 96, Kategorie 3*

La Samanna
Wäre das Hotel nicht hoffnungslos überteuert (auch das angeschlossene Restaurant), würde man sich hier niederlassen wollen. Lage, Ambiente und Service sind vorzüglich. Das Haus wirbt mit der Exclusivität seiner Gäste … *P. O. Box 159, Marigot, Tel. 5 90/87 51 22, Kategorie L*

FESTE UND FEIERTAGE

1. Jan., Karfreitag und Ostermontag, Pfingsmontag, 1. Mai, 14. Juli *(Fête Nationale)*, 21. Juli *(Jour de Schoelcher)*, 1. Nov. *(Toussaint)*, 11. Nov. *(Armistice 1918)*, 25. Dez.

SPIEL UND SPORT

Tennis und Wassersport werden in den größeren Strandhotels angeboten. Zahlreichere Möglichkeiten gibt es auf der holländischen Seite.

STRÄNDE

Die schönsten Strände auf dem französischen Teil der Insel sind an den Grand Case und Orient Buchten zu finden.

AUSKUNFT

Office du Tourisme
Mo–Fr 9–12 und 14–15.30 Uhr, Port du Marigot, Tel. 5 90/87 53 26

Strände wie aus Zucker

Das Leben ist süß, wenn auf den nicht wirklich dem Wind abgewandten Leeward Inseln nur schwache Brisen wehen

Zum Thema Namensverwirrung bei den einzelnen Inselgruppen der Kleinen Antillen kann der geneigte Leser in der Einleitung zum Kapitel Windward Islands etwas nachlesen. Hier soll nur nochmals darauf hingewiesen werden, daß es sich bei den Leeward Islands keineswegs um eine zusammenhängende geographische oder politische Gruppe handelt. Zwischen den einzelnen Inseln, die einst die Verwaltungseinheit der Leewards innerhalb des britischen Empires bildeten, lagen schon damals verstreut kleine Inseln, die unter französischer, holländischer oder dänischer Herrschaft standen. Wie auch die British Virgin Islands, die ebenfalls zu dieser Verwaltungseinheit gehörten, werden diese Inseln jedoch in diesem Führer an anderer Stelle beschrieben.

ANGUILLA

Anguilla ist die nördlichste der Leeward Inseln und eine der wenigen in der Karibik, die nicht vulkanischen Ursprungs ist. Das koralline Gestein des Eilands erhebt sich an der höchsten Stelle, Corcus Hill, kaum 70 Meter über den Meeresspiegel. Ursprünglich bildete Anguilla (ca. 7000 Ew.) innerhalb des britischen Empire eine politische Einheit mit St. Kitts und Nevis, strebte aber nach Unabhängigkeit und erhielt sie auch. Seit 1980 ist die Insel ein selbständiges »British Dependent Territory«. Früher waren Viehzucht und Bootsbau die Haupterwerbsquellen der Insel. In den letzten Jahren ist der Tourismus aber immer wichtiger geworden, und die Arbeitslosigkeit immer geringer. Inzwischen arbeiten über 1000 Menschen anderer Inseln auf Anguilla. (A 3)

Am Strand von Anguilla

BESICHTIGUNGEN

The Fountain

6 Kilometer nordöstlich von The Valley finden Sie in der Nähe des Dörfchens Shoal Village »The Fountain«, eine große Höhle mit einer Frischwasserquelle. Hier sind Petroglyphen (Felsmalerei-

en) der Arawaken gefunden worden. Wegen ihrer besonderen regionalen Bedeutung wurde die Höhle zum Nationalpark erklärt.

The Valley
Die Hauptstadt liegt eingebettet in einem flachen Tal inmitten der Insel. Bis auf ein paar Boutiquen, Banken, Gästehäuser und Restaurants gibt es nicht viel zu sehen. Doch ein Besuch im Tourist Office macht Sie vertraut mit dem Rest der Insel. Als Ausgangspunkt für Ihre Exkursionen in die Umgebung bietet sich The Valley an.

RESTAURANTS

Aquarium
Üppig dekorierter Treffpunkt der Einheimischen. Auf der Speisekarte stehen sowohl Hamburger und Sandwiches als auch Chickencurry und Lobster. Kreditkarten werden nicht akzeptiert. *Mo–Sa, South Hill, Tel. 8 09/ 4 97 27 20, Kategorie 3*

Cinnamon Reef Beach Club
Genießen Sie die köstliche anguillanische Küche auf der Terrasse. Terracottafliesen und Bambusmöbel harmonieren mit den exotischen Gerichten. Freitag nachts Barbecue und Steelband. *Little Harbour, Tel. 8 09/4 97 27 27. Kategorie 1*

HOTELS

Cap Juluca
Ein Meisterwerk der Architektur mit Türmen, Rundbögen und kleinen Innenhöfen. Zum Anwesen gehören zwei Strände und fünf Villen mit jedem denkbaren Komfort. Alle Sportmöglichkeiten. *Maundays Bay, Tel. 8 09/4 97 67 79, Kategorie L*

MARCO-POLO-TIPS FÜR DIE LEEWARD INSELN

1. **Das Malliouhana Hotel auf Anguilla**
Ein wirklich perfektes Hotel (Seite 63)
2. **Nelson's Dockyard auf Antigua**
Imposante Hafenanlagen aus dem 18. Jahrhundert (Seite 64)
3. **Curtain Bluff auf Antigua**
Hotel und Restaurant sind gleichermaßen über jede Kritik erhaben (Seite 64 und 66)
4. **Nisbet Plantation Inn auf Nevis**
Karibisches Idyll: Wohnen unter Palmen (Seite 71)
5. **Brimstone Hill auf St. Kitts**
Bei klarer Sicht hat man einen schönen Fünf-Insel-Blick (Seite 73)
6. **Rawlins Plantation auf St. Kitts**
Leben wie ein Zuckerpflanzer: von allen Alltagssorgen befreit (Seite 73)

Inter-Island Hotel
Einfach eingerichtete Cottages ohne Klimaanlage. Die meisten Häuschen haben Kühlschrank und Bad. Keine Kreditkarten. *P. O. Box 194, The Valley, Tel. 809/ 4976259, Kategorie 3*

Malliouhana
★ Das luxuriöse Hotel liegt auf einem Felsvorsprung mit Blick über die karibische See. Der Name ist die alte Bezeichnung der Kariben für ihre Insel. Sicher ist es eines der schönsten Häuser in der Karibik, und vielleicht sogar eines der besten Beachhotels der Welt. Service, Essen und Einrichtung lassen keine Wünsche offen. Keine Kreditkarten. *P. O. Box 173, Meads Bay, Tel. 809/ 4976111, Kategorie L*

SPIEL UND SPORT

Tennis
Die meisten größeren Hotels haben einen Tennisplatz. Unterricht gibt: *Carl Gavine im Coccoloba, Tel. 809/4976871*

STRÄNDE

Die Strände auf Anguilla sind alle postkartenreif. Unsere persönlichen Favoriten sind: *Maunday's Bay* (gut zum Schnorcheln und Schwimmen), *Rendezvous Bay* (2,5 km langer feiner, weißer Sandstrand) und *Shoal Bay West* (hier findet man die schönsten Conchshells).

FESTE UND FEIERTAGE

1. Jan., Karfreitag und Ostermontag, Pfingstmontag, 30. Mai *(Anguilla Day)*, der Geburtstag der englischen Königin im Juni, der erste Montag im Aug. *(August Monday)*, der erste Donnerstag im Aug. *(August Thursday)* und der erste Freitag im Aug. *(Constitution Day)*, 19. Dez. *(Separation Day)* , 25. und 26. Dez., Feste: 1. Augustwoche *(Carnival)*, Aug. *(Island Regatta)*

AM ABEND

Coconut Paradise
Restaurant mit Disko und Life-Musik. *Island Harbour, Tel. 809/ 4974454*

AUSKUNFT

Anguilla Tourist Office
Mo–Fr 8–12 und 13–16 Uhr, The Secretariat, The Valley, Tel. 809/ 4972759

INSELN IN DER UMGEBUNG

Dog Island
Etwa 16 km nordwestlich von Anguilla. Auf der Privatinsel kann man viele Relikte der früheren Einheimischen und die Ruine eines alten Farmhauses besichtigen. (A 3)

Sandy Island
Einsames Inselchen mit nahezu unberührter Natur. Fähre von *Sandy Ground Harbour* aus. (A 3)

ANTIGUA

Antigua ist die zentrale Insel der nördlichen Kleinen Antillen und die größte der »Leeward Islands«. Über Antigua erreicht man die meisten umliegenden Inseln mit Flügen der LIAT. Die Fluggesellschaft hat auf Antigua ihren Hauptsitz. Seit Ende des 17. Jhs. ist die Insel (ca. 82000 Ew.)

in britischem Besitz, und man findet keine französischen Einflüsse wie auf vielen der »Windward Islands«. Im 18. Jh. war Antigua der wichtigste Flottenstützpunkt für die Briten in der Karibik. Seit 1981 ist die Insel eine vollkommen selbständige konstitutionelle Monarchie innerhalb des British Commonwealth, in der die englische Königin durch den *Governor General* vertreten wird. Während der Kolonialzeit war Antigua eine typische Zuckerinsel mit ausgedehnten Plantagen. Mancherorts sieht man heute noch die Reste der steinernen Mühlen, in denen das Zuckerrohr gepreßt wurde. Anfang der sechziger Jahre brach der Weltzuckermarkt zusammen, und in der folgenden Zeit verschwanden auch die letzten Plantagen von der Insel. Heute lebt Antigua vom Tourismus, und vom Dienstleistungssektor. (C 1/2)

BESICHTIGUNGEN

English Harbour

In einer geschützten Bucht an der Südküste fanden die Engländer im 18. Jh. einen idealen Ankerplatz für ihre Karibikflotte. Sie war sicher vor tropischen Stürmen und von den umliegenden Felsen herab leicht gegen Feinde zu verteidigen. Die Hafenanlagen sind eine der größten Touristikattraktionen Antiguas, die Befestigungsanlagen (Shirley Hights) sollten im Besichtigungsprogramm aber auch nicht fehlen. *Antigua*

Fig Tree Drive

Nördlich des Ortes Liberta, gegenüber der katholischen Kirche, nimmt man die Abzweigung nach Westen und fährt auf der holprigen Straße durch den Regenwald. Die verwunschene Straße führt zur Siedlung *Old Road* und dem Hotel *Curtain Bluff*.

Nelson's Dockyard

★ Der spätere Sieger der Seeschlacht von Trafalgar diente hier als junger Offizier, und später war er Kommandant des Flottenstützpunktes, der jetzt seinen Namen trägt. Die gesamte Anlage ist heute ein Freilichtmuseum, in dem man die alten Lagerhäuser und Werkstätten, Docks und Wohnräume besichtigen kann. Zum Teil sind sie auch in Hotels oder in Restaurants umgebaut worden. Nelson's Dockyard ist Ende April bis Anfang Mai auch Hauptquartier der »Antigua Sailing Week«, einer Regatta, die wahren Volksfestcharakter hat. *3,5 km südl. von St. John's*

St. John's

In der Hauptstadt St. John's leben fast die Hälfte der Einwohner Antiguas (ca. 35 000). Sie liegt an der Nordwestküste der Insel. Die in den späten achtziger Jahren restaurierten historischen Gebäude am *Redcliffe Quay* und *Heritage Quay* täuschen darüber hinweg, daß große Teile der Stadt im Grunde längst sanierungsbedürftig sind.

RESTAURANTS

Curtain Bluff

★ Howard Hulford, Eigentümer des Curtain Bluff Hotels, ist Liebhaber erlesener Weine. 50 000 Flaschen guter Lagen ru-

Busfahren

Manchmal ist es etwas schwierig, auf den Kleinen Antillen zwischen Bussen und Taxis zu unterscheiden. Große Linienbusse, wie man sie aus Europa oder Nordamerika kennt, sind hier selten. Meist sind es japanische Kleinbusse, die in halsbrecherischer Fahrt die einzelnen Dörfer mit der Hauptstadt der Insel verbinden. Die Busse sind nicht nur ein billiges Verkehrsmittel, sondern auch ein turbulentes Kommunikationsmittel, und der Kontakt zu den Inselbewohnern ist schnell hergestellt, schon wegen des zwangsläufigen Hautkontaktes. Wenn man vom zentralen Busbahnhof in der Hauptstadt abfahren möchte, muß man sich damit abfinden, daß der Busfahrer wartet, bis sein Fahrzeug voll ist. Aber das kann einem, zum Beispiel am Flugplatz, ohne weiteres auch mit einem Taxi passieren – und dann zahlt man dennoch den vollen Taxitarif.

hen in seinem Keller. Darunter viele große französische Namen, wie zum Beipiel Château Lafite oder Mouton Rothschild. Das Essen des Schweizer Chefkochs paßt zu den guten Weinen. Keine Kreditkarten. *Geschl. Juni bis Sept., P. O. Box 288, St. John's, Tel. 809/4628400, Kategorie 1*

Clouds

Elegantes Dekor und wunderbarer Blick auf die Dickinson Bay. Probieren Sie die mit Entenfleisch und Pistazienmus gefüllte Hähnchenbrust! Jackett und Krawatte. *Di–Fr, Halycon Cove Beach Resort, Tel. 809/4620256, Kategorie 2*

The Wardroom

Das Restaurant des Copper and Lumber Store Hotels bietet eine phantastische Küche in gemütlicher und gediegener Atmosphäre. Das Interieur ist maritim angehaucht, die Restauranträume sind um einen kleinen Innenhof gruppiert. *The Copper and Lumber Store, Nelson's Dockyard, Tel. 809/4631058, Kategorie 1*

EINKAUFEN

Die Haupteinkaufsstraßen in St. John's sind *St. Mary's Street, Long Street* und *High Street*. Samstag ist Markttag (am südlichen Ende der Market Street).

FESTE UND FEIERTAGE

1. Jan., Karfreitag, Ostermontag, 1. Mai, Pfingstmontag, 2. Sa. im Juli *(Queen's Birthday)*, Juli/Aug. *(Summer Carnival)*, 1. Nov. *(Independence Day)*, 25. und 26. Dez.

HOTELS

Admiral's Inn

Ehemaliges Lager- und Bürohaus aus dem 18. Jh. Einfache, aber geschmackvolle Zimmer. Für Badelustige gibt es einen Bootservice, der Sie zum nahegelegenen Freeman's Bay bringt. *P. O. Box 713, Nelson's Dockyard, Tel. 809/4631027, Kategorie 2*

Blue Waters Beach Hotel

Zwischen zwei weißen Stränden liegen die kleinen komfortablen

Villen in einem tropischen Garten, alle mit Sicht auf das Meer. Zwei Restaurants und zwei Bars, Boutique, Tennisplatz und ein Wassersportzentrum sind dem Hotel angeschlossen. *P. O. Box 256, Tel. 809/4620290, Kategorie 1*

Copper and Lumber Store Hotel
Wie das Admiral's Inn liegt auch das Copper and Lumber im historischen Nelson's Dockyard. Hier geht es sehr britisch zu, die Zimmereinrichtungen sind antik und entstammen unterschiedlichen Epochen der englischen Kulturgeschichte. *P. O. Box 184, Tel. 809/4631058, Kategorie 2*

Curtain Bluff
★ Für anspruchsvolle Gäste ist Curtain Bluff das Karibikhotel schlechthin. Die Lage auf einem Felssporn erlaubt Meeresblick von jedem Zimmer aus und den Verzicht auf Klimaanlagen, denn eine Seebrise reguliert die Temperaturen. Howard Hulford hat neben seiner guten Weinliste auch eine Vorliebe für Tennis. Die Plätze sind in hervorragendem Zustand, ein guter Tennislehrer steht den Gästen zur Verfügung. Keine Kreditkarten. *P. O. Box 288, St. John's, Tel. 809/4631115, Kategorie L*

SPIEL UND SPORT

Golf
Ein 18-Loch-Platz. *Cedar Valley Golf Club, in der Nähe von St. John's. Tel. 809/4620161*

Tennis
Flutlicht-Platz mit allen Annehmlichkeiten. *Temo Sports Complex, Falmouth Bay, Tel. 809/4631781*

Tauchen
Aquanaut Diving Centre, P. O. Box 62, Tel. im St. James's Club 809/4631113, Royal Antiguan, 809/4621801, Galleon Beach Club 809/4631024

STRÄNDE

Carlisle Bay
Langer weißer Sandstrand, vor dem die Karibik und der Atlantische Ozean zusammentreffen. *Südwestlich von Old Road*

Five Islands
Vier verschiedene Strände gehören zum Hawksbill Hotel-Komplex. Einer davon ist der einzige FKK-Badestrand der Insel. *Westlich von St. John's*

Half Moon Bay
Idealer Strand zum Baden, Schnorcheln, Surfen. *Südöstlich von Freetown an der Atlantikseite*

AM ABEND

Shirley Heights Lookout
Restaurant und Pub mit sonntäglichen Grillabenden, Musik und Tanz. Ein abendlicher Cocktail und der Blick aufs Meer hinab lassen das Herz eines jeden Romantikers höher schlagen. *Tel. 809/4631785*

Tropix Nightclub
Der beste Nachtclub der Insel! *Redcliffe Quay, St. John's, Tel. 809/4622317*

Casino im James Club
Wenn Sie Ihre Urlaubskasse ein wenig aufbessern wollen, im Ja-

Montserrat: das grüne »Inland der Karibik«

mes Club können Sie Roulette, Blackjack und anderes mehr spielen. *Tgl. ab 21 Uhr, Mamora Bay, Tel. 8 09/4 63 11 13*

AUSKUNFT

Antigua and Barbuda Department of Tourism
Mo–Do 8–16.30 Uhr, Fr 8–15 Uhr, P. O. Box 363, Long Street, St. John's, Tel. 8 09/4 62 04 80

INSELN IN DER UMGEBUNG

Barbuda
Etwa 50 Kilometer nördlich von Antigua liegt die flache Koralleninsel Barbuda, auf der ungefähr 1500 Menschen leben. Das Hauptdorf Codrington ist nach einem reichen Pflanzer aus Antigua benannt, der im 18. Jh. die Insel gepachtet hatte und auf ihr Viehzucht betrieb, sich aber auch in der systematischen Zucht von Sklaven versuchte. Die meisten Einwohner Barbudas stammen von den Sklaven aus jener Zeit ab. Zu besichtigen gibt es eine kleine Befestigungsanlage, den *Martello Tower. Unterkunft: Coco Point Lodge, P. O. Box 90, Tel. 8 09/ 4 62 38 16, Kategorie L* (B 1/2)

MONTSERRAT

Der Einreisestempel, den man am Flughafen von Montserrat in den Paß gedrückt bekommt, zeigt ein grünes Kleeblatt. Sie sind im »Irland der Karibik« angekommen. Nicht nur wegen der grünen Hügel und Berge heißt Montserrat »The Emerald Isle«. Auch viele der Einwohner (etwa 13 000) stammen von irischen Katholiken ab, die sich im Laufe der Jahrhunderte hier niederließen, auf der Flucht vor religiöser Verfolgung in anderen englischen Kolonien oder in ihrer Heimat. Noch heute sind irische Familien- und Ortsnamen auf der Insel häufig, und auch die Umgangssprache ist gelegentlich mit irischen Ausdrücken und Redewendungen geschmückt. Die Wirtschaft Montserrats ist weitgehend vom Tourismus abhängig, doch erlitt sie schweren Schaden, als 1989 der Hurricane »Hugo« über die Insel fegte. 95 Prozent aller Gebäude wurden ganz oder teilweise zerstört, die Pier in der Hauptstadt verschwand völlig in den Fluten. Insgesamt richtete der Sturm Schäden in Höhe von 250 Millionen US-Dollar an. Die Insel fängt an, sich langsam zu erholen, nur wird es noch lange dauern, bis die Urwaldriesen nachgewachsen sind. Montserrat ist britische Kolonie. Auf der Insel wird immer wieder die Frage diskutiert, ob die vollkommene Selbständigkeit wünschenswert wäre, doch bislang hat sich dafür keine Mehrheit gefunden. Montserrat ist auch Sitz einer umfangreichen Kolonie amerikanischer und europäischer Pensionäre, die hier ihr zweites Zuhause gefunden haben und maßgeblich das kulturelle Leben der Insel bestimmen.

Die »Air Studios«, in denen internationale Popstars ihre Plattenaufnahmen machten, sind seit dem Sturm nicht mehr in Betrieb. Zur Zeit sieht man also weder Sting beim Joggen noch die Rolling Stones im Emerald Cafe. (C 2)

BESICHTIGUNGEN

Galways Soufrière

Ein beeindruckendes vulkanisches Tal, in dem es brodelt und kocht und dampft wie in einem Hexenkessel. *Südöstlich von Plymouth*

Great Alps Waterfall

Der Wasserfall stürzt aus zwanzig Metern Höhe über eine steile Klippe in ein Bassin. Ein Bad in dem schwefelhaltigen Wasser ist nicht nur der Gesundheit förderlich, es macht auch Spaß. *Ca. 4 km südlich von Plymouth*

Plymouth

Die Hauptstadt ist ein beschaulicher kleiner Ort (2500 Ew.), in dem »Hurricane Hugo« wie durch Eingebung nur modernere Gebäude zerstört hat. Die schönen alten Holzhäuschen in ihren Pastellfarben sind meist verschont geblieben. Ein kleiner Schwatz mit den freundlichen Einwohnern bringt einem »Freunde fürs Leben«.

MUSEUM

Montserrat Museum

Im Nationalmuseum findet man außer indianischen Ausstellungsstücken eine vollständige Sammlung der schönen Briefmarken, die die Insel bei Philatelisten auf der ganzen Welt bekannt gemacht haben. *Eintritt frei (eine Spende wird erwartet), Richmond Hill, Tel. 809/4915443, Mi und So 14.30–17 Uhr*

RESTAURANTS

Emerald Café

Das kleine Etablissement liegt im südlichen Ortsteil Wapping von Plymouth, jenseits der Brükke. Gut für Snacks. *Mo–Fr, Wapping, Tel. 809/4913821, Kategorie 3*

Vue Pointe

Besonders Mittwochabend und Sonntagmittag lohnt sich ein Besuch im Restaurant des Vue Pointe Hotels, denn dann gibt es ein Grillbuffet, an dem auch ganz Hungrige satt werden können. *Old Town, Tel. 809/4915210, Kategorie 1–2*

HOTELS

Montserrat Springs Hotel and Villes

Im Moment die einzige Alternative zum Vue Pointe. Schöner

Blick auf Plymouth. *P. O. Box 259, Richmond Hill, Tel. 809/ 4912482, Kategorie 2*

Vue Pointe
Das Hotel liegt oberhalb einer kleinen Bucht und des Golfplatzes. Am Hang ziehen sich die Gästebungalows hinauf, unten am Wasser gibt es eine kleine Beach-Bar und einen Tennisplatz. *P. O. Box 65, Plymouth, Tel. 809/ 4915210, Kategorie 2*

FESTE UND FEIERTAGE

1. Jan., 17. März *(St. Patrick's Day)*, Karfreitag und Ostermontag, erster Montag im Mai *(Labour Day)*, Pfingstmontag, erster Montag im Aug., 23. Nov. *(Liberation Day)*, 25. und 26. Dez., 31. Dez. *(Festival Day)*, Fest: Dez. *(Carnival)*

SPIEL UND SPORT

Golf
Ein 11-Loch-Platz, zu dessen natürlichen und künstlichen Hindernissen die Leguane hinzukommen, die gelegentlich einen Golfball mit einem Ei verwechseln und verschleppen. *Belham Valley Golf Course, Tel. 809/ 4915220*

Vue Pointe Hotel
Das Hotel vermittelt Bootsfahrten und stellt Schnorchel, Maske und Flossen zur Verfügung. *P. O. Box 65, Plymouth, Tel. 809/ 4915210*

Tennis
Sowohl das Montserrat Springs Hotel als auch das Vue Pointe Hotel haben einen Tennisplatz, der auch von Nicht-Gästen nach Absprache genutzt werden kann. *P. O. Box 259, Richmond Hill, Tel. 809/4915210*

STRÄNDE

Die meisten Strände auf Montserrat sind vulkanischen Ursprungs, dementsprechend ist ihre Farbe eher grau oder goldbraun. Eine Ausnahme ist die Rendezvous Bay, die aber zu Fuß schwer zu erreichen ist. Vom Vue Pointe Hotel aus werden Bootsausflüge arrangiert.

AUSKUNFT

Montserrat Department of Tourism
Church Road, Plymouth, Mo–Fr 8–12 und 13–16 Uhr, Tel. 809/ 4912230

ST. KITTS UND NEVIS

Eigentlich heißt die größere der beiden Inseln ja St. Christopher, aber diesen Namen benutzt kaum jemand – außer vielleicht in höchst offiziellen Dokumenten. Als St. Kitts ist die Insel schon seit dem 18. Jh. bekannt, selbst auf den Briefmarken findet sich dieser Name. Die beiden Inseln, aus denen der Staat besteht (ca. 60000 Ew.), sind nur durch einen schmalen Wasserkanal getrennt, dennoch ist auf jeder Insel der Lokalpatriotismus groß: Entweder lebt man auf St. Kitts oder auf Nevis, keinesfalls auf »St. Kitts und Nevis«. Die Eigenart äußert sich nicht nur im Cricketspiel – die Inseln treten gegeneinander an –, sondern auch in der halb ironischen, halb ernsten Ablehnung der Nachbarinsel. (B/C 2/3)

Nevis Peak: stets verhüllt eine Wolke sein Haupt

NEVIS

Als Kolumbus auf seiner zweiten Reise im Jahre 1493 die Insel sichtete, erinnerten ihn die Wolken, die sich um den Gipfel des Berges gesammelt hatten, an Schnee. Deshalb nannte er die Insel »Nuestra Señora de las Nieves« – Unsere Herrin des Schnees. Im Laufe der Zeit wurde aus »Nieves« der Name Nevis, die Wolken aber blieben und kaum ein Tag, an dem der über tausend Meter hohe Nevis Peak nicht sein Haupt verhüllt.

Nevis (ca. 9300 Ew.) hat vieles mit seiner größeren Nachbarinsel St. Kitts gemein. Auch hier war der Zucker lange Zeit König, und auch hier machte sich der Preisverfall bei diesem wichtigsten Exportgut bemerkbar, und ebenso spielt hier der Tourismus eine weitaus geringere Rolle als auf den anderen Inseln der Kleinen Antillen. Die bedeutendsten Unterschiede sind wohl, daß heute auf Nevis überhaupt kein Zucker mehr angebaut wird und daß die Franzosen nie ernsthaft versucht haben, auf der Insel Fuß zu fassen, weshalb ihr auch weitgehend die blutigen Kämpfe erspart geblieben sind, die im 18. Jh. auf St. Kitts stattfanden.

Aber ein historisches Ereignis spielte sich auf der Insel ab: Horatio Nelson, der Kommandant des britischen Flottenstützpunktes auf Antigua, heiratete hier im Jahre 1787 die junge Witwe Frances Nisbet. Obwohl er zuvor den Handel der Pflanzer mit den gerade unabhängig gewordenen USA bekämpft hatte, waren doch alle Honoratioren der Insel bei der Trauung anwesend. Vielleicht spielte dabei eine Rolle, daß Nelsons Freund Prince William, der englische Thronfolger, Trauzeuge war. (C 2)

BESICHTIGUNGEN

Charlestown

Wenn Basseterre auf St. Kitts schon wie eine Zeitreise in die Vergangenheit der Karibik wirkt, dann zeigt der größte Ort (ca.

1200 Ew.) auf Nevis die Zeitlosigkeit dieser kleinen Inseln. Schwer vorzustellen, daß hier jemals etwas Aufregendes passiert. Aber natürlich gibt es im Leben der Einheimischen vieles, über das sie sich erregen, über das lange gesprochen wird. Wenn man einen Spaziergang macht, könnte man sich eine der schönen Bauten englischer Kolonialarchitektur ansehen; gegenüber dem Jüdischen Friedhof in der *Government Street.* Oder man informiert sich, ob in der *Gallows Bay* (hier kamen früher Piraten an den Galgen) gerade die Bootsbauer ihrem Handwerk nachgehen.

St. John's Church
Hier wird die Hochzeitsurkunde von Horatio Nelson und Frances Nisbet aus dem Jahre 1787 aufbewahrt. *Fig Tree, etwa 3 km von Charlestown entfernt*

MUSEUM

Nelson Museum
Das Museum zeigt eine Reihe von Ausstellungsstücken, die im alltäglichen Leben von Nelson und seiner Frau eine Rolle gespielt haben. Zum Beispiel die Teller, die extra aus England für die Hochzeitsgesellschaft hergeschafft wurden. *Morning Star, Mo bis Sa 9–13 Uhr, Eintritt frei*

RESTAURANTS

Nisbet Plantation
Das Hotelrestaurant wird von einem deutschen Koch geleitet, dessen Küche vorzüglich ist. Tischreservierung, keine Kreditkarten. *Newcastle Beach, Tel. 809/ 4699325, Kategorie 1*

Oualie Beach Pub
Gute Suppen, Salate und Sandwiches. Der Pub liegt am Strand und bietet zudem noch Wassersportmöglichkeiten und eine Boutique. *Oualie Beach, Kategorie 3*

HOTELS

Golden Rock
Das Plantagenhaus aus dem 18. Jh. liegt bezaubernd am Fuße des Peak. Die alte Windmühle ist heute ein begehrtes »Honeymoon-Appartement«. *P. O. Box 493, Gingerland, Tel. 809/ 4695346, Kategorie 2*

Monpelier Plantation Inn
Hier haben Horatio Nelson und Frances Nisbet 1787 geheiratet. Die ständige leichte Brise oben in den Bergen erzeugt ein angenehmes Klima. Keine Kreditkarten. *P. O. Box 474, Charlestown, Tel. 809/4695462, Kategorie 1*

Nisbet Plantation Inn
★ Das sehr schöne Haupthaus des Hotels war nicht, wie man vermuten könnte, das Wohnhaus von Frances Nisbet, es wurde erst nach ihrer Zeit erbaut. Auf der weitläufigen Rasenfläche, die sanft zum Strand hinabführt, stehen Palmen, zwischen denen sich die Gästebungalows befinden. *Newcastle Beach, Tel. 809/4699325, Kategorie 1*

FESTE UND FEIERTAGE

1. Jan., Karfreitag und Ostermontag, erster Montag im Mai *(May Day)*, Pfingstmontag, zweiter Samstag im Juni *(Queen's Birthday)*, erster Montag im August *(August Bank Holiday)* , 19.

Sept. *(Independence Day)*, 25. und 26. Dez., Feste: Juli/Aug. *(Arts Festival Culturama)*, Dez. *(Carnival)*

SPORT

Oualie Beach Club

Der Club vermittelt verschiedene Wassersportarten. *Mosquito Bay, Tel. 809/4695329*

AUSKUNFT

Tourism Office

Main Street, Charlestown, Mo und Di 8–16.30 Uhr und Mi–Fr 8–16 Uhr, Tel. 809/4695521

ST. KITTS

St. Kitts wird die »Mutterkolonie der Westindischen Inseln« genannt. Anfang des 17. Jhs. ließen sich hier die ersten englischen und französischen Kolonialisten nieder und lebten bis zum Ende des Jahrhunderts zusammen auf der Insel. Friedlich wird dieses Zusammenleben kaum gewesen sein, denn die Insel war geteilt, und jeder noch so kleine Anlaß, besonders aber die verschiedenen europäischen Kriege ihrer Mutterländer, wurde genutzt, um einen vermeintlichen oder realen Vorteil zu erringen. Anfang des 18. Jhs. hatten die Engländer endgültig die Überhand gewonnen. Beide Seiten hatten aber die Zeit genutzt, um von St. Kitts aus gegen den Widerstand der Spanier und der indianischen Inselbevölkerung die meisten der Kleinen Antillen zu besiedeln. Franzosen auf St. Croix, Guadeloupe, Martinique, St. Barts, St. Martin, St. Lucia und Grenada, Engländer auf Antigua, Montserrat, Nevis, Barbuda und Anguilla.

Nachdem die Franzosen ihre Ansprüche auf St. Kitts aufgegeben hatten, nahm die Insel einen rapiden wirtschaftlichen Aufschwung – sie war im 18. Jh., gemessen an ihrer Größe, der wertvollste überseeische Besitz Großbritanniens. Diese Blüte verdankte sie dem im Jahre 1648 über Barbados aus Brasilien eingeführten Zuckerrohr. Mitte des 18. Jhs. lebten auf der Insel über 20000 Menschen, von denen der größte Teil afrikanische Sklaven waren, die auf den Pflanzungen arbeiteten.

Die weitere Geschichte der Insel ähnelt der vieler anderer britischer Kolonien in der Region. Ihre vollkommene Unabhängigkeit erreichte sie im Jahre 1983.

Der Zucker spielt heute auf St. Kitts eine viel größere Rolle als auf den anderen der ehemaligen Zuckerinseln. Heute bietet die Insel (ca. 35000 Ew.) einem ankommenden Kreuzfahrtschiff kaum ein anderes Bild als es sich im 18. Jh. den Segelschiffen gezeigt haben mag: Grüne Zuckerrohrfelder ziehen sich von der Küste die Berge hinauf.

Der Tourismus ist auf der Insel bei weitem noch nicht so gut entwickelt wie auf den anderen Inseln. Wer aber auf Attraktionen wie zollfreien Einkauf verzichten und einen ruhigen Urlaub verbringen möchte, der ist auf St. Kitts gut aufgehoben. (B 3)

BESICHTIGUNGEN

Basseterre

Die Hauptstadt (etwa 15000 Ew.) von St. Kitts liegt im ehemals südlichen französischen

Teil der Insel und zeigt sich heute von ihrer liebenswürdigsten Seite. Große Teile der Stadt wurden in einem Feuersturm im Jahre 1867 zerstört. Die nach dem Feuer neu errichteten Gebäude prägen noch heute das Gesicht der Stadt: karibische Viktorianik.

Brimstone Hill

★ Die Festung Brimstone Hill liegt an der Westküste im mittleren, ehemals britischen Teil der Insel. Fast ein ganzes Jahrhundert lang bauten die Soldaten und Ingenieure des Vereinigten Königreiches an den ausgedehnten Anlagen, die von den Einwohnern der Insel gerne als das Gibraltar der Karibik bezeichnet werden.

RESTAURANTS

Fisherman's Wharf

Das Restaurant liegt unterhalb des Ocean Terrace Inn Hotel direkt am Wasser. Das Essen kommt vom Grill, man reiht sich in die Warteschlage ein, wählt seinen Fisch- oder Fleischgang und die Beilagen aus, sucht sich einen Tisch und ißt. Also ganz unkompliziert und einfach. Das scheint auch den Einheimischen von Basseterre zu gefallen, die hier gerne zum Lunch oder Dinner kommen. *Keine Kreditkarten. Fortlands, Basseterre, Tel. 809/ 4652754, Kategorie 2–3*

Golden Lemon

Es lohnt sich, nicht nur das Interieur zeugt vom guten Geschmack der Besitzer, sondern auch das Essen. Keine Kreditkarten. *Dieppe Bay, Tel. 809/ 4657260, Kategorie 1–2*

HOTELS

Golden Lemon

Die amerikanischen Besitzer des Hotels haben aus einem ehemaligen Zuckerlagerhaus ein Kleinod geschaffen. Die hellen Gästezimmer im ersten Stock sind im tropisch-karibischen Stil möbliert, vom umlaufenden Balkon blickt man aufs Meer und das Korallenriff. *P. O. Box 17, Dieppe Bay, Tel. 809/4657260, Kategorie 1*

Rawlins Plantation

★ Das Rawlins vermittelt einen guten Eindruck davon, wie einst das Leben als Plantagenbesitzer auf der Insel gewesen sein muß: angenehme Umgebung, Ruhe und viele dienstbare Geister. *Keine Kreditkarten. P.O. Box 340, Mount Pleasant, Tel. 809/ 4656221, Kategorie L*

FESTE UND FEIERTAGE

1. Jan., Karfreitag und Ostermontag, erster Montag im Mai *(May Day)*, Pfingstmontag, zweiter Samstag im Juni *(Queen's Birthday)*, erster Montag im August *(August Bank Holiday)* , 19. Sept. *(Independence Day)*, 25. und 26. Dez.,Feste: Dez. bis 2. Jan. *(Carnival)*

SPIEL UND SPORT

Fisherman's Wharf

Schnorcheln, Tauchen, Wasserski und Windsurfen. *Tel. 809/ 4652754*

Kriss Tours

Organisierte Wanderungen, unter anderem auf den Mount Liamuiga, den höchsten Berg der Insel. *Tel. 809/4654042*

Der einzige Berg Hollands

Der Kleinstaat einmal anders: Tauchen, Shopping, amerikanische Resorts in den karibischen Niederlanden

Die drei Inseln Saba, Sint Eustatius und Sint Maarten bilden die nördliche Gruppe der Niederländischen Antillen, die südliche Gruppe, Aruba, Bonaire und Curaçao liegen fast 900 Kilometer entfernt vor der Küste Venezuelas. Wie die französischen Antillen sind die niederländischen Antillen weder Kolonien noch selbständige Staaten, sondern unabhängige Teile der Niederlande. Alle drei Inseln verfügen kaum über Rohstoffe, und auch der landwirtschaftliche Ertrag ist eher gering, so daß für die Urlauber viel getan wird, denn schließlich bringen sie das Geld ins Land.

SABA

Dem allgemeinen Vorurteil, die Niederlande seien so flach wie ein Bügelbrett, muß an dieser Stelle einmal widersprochen werden, denn der erloschene Vulkan, aus dem die Insel Saba hervorgegangen ist, erhebt sich zu einer stolzen Höhe von fast 900 Metern. Diesen Berg können die Holländer allerdings erst seit 1812 ihr eigen nennen, vorher wechselte die Insel zwölfmal die europäischen Besitzer. Saba (heute etwa 1000 Ew.) hat im Laufe seiner Geschichte französische, spanische, englische und holländische Kulturen vereinnahmt.

★ Saba ist eine Attraktion für Leute, die gerne tauchen und schnorcheln. Die weitgehend unberührten Tauchgebiete um die Insel herum sind zum Naturpark erklärt worden, und die Parkverwaltung wie auch die Tauchveranstalter, unter deren Leitung man sich in die Reviere begibt, achten sehr darauf, daß die Vorschriften, zum Beispiel das Anlegen an den richtigen Ankerplätzen, eingehalten werden. (B 3)

Saba: Die Tauchgebiete um die Insel herum sind zu einem Naturpark erklärt worden

BESICHTIGUNGEN

The Bottom
Der Verwaltungssitz der Insel liegt nicht »ganz unten«, sondern 250 Meter über dem Mee-

resspiegel. Die holländischen Häuschen mit ihren roten Dächern und hübschen Vorgärten wirken schon etwas seltsam, so mitten in der Karibik.

Mt. Scenery
Auf der Insel sagen die Bewohner der Einfachheit halber »The Mountain«. Vom Ort Windwardside aus können Sie den 887 Meter hohen Gipfel über Treppen erklimmen.

RESTAURANT

Captain's Quarters
Hier können Sie gut essen. *Sept. geschl., Windwardside, Tel. 5 99/ 4 22 01, Kategorie 2*

EINKAUFEN

Saba Lace (handgemachte Spitze) und *Saba Spice* (Gewürze) sind die Spezialitäten der Insel. Man bekommt sie bei *Saba Artisan Foundation, The Bottom, Tel. 5 99/ 46 32 60; Island Craft Shop, Windwardside; Saba Shop, Windwardside.*

HOTELS

Captain's Quarters
Das bekannteste und größte Hotel der Insel. *Windwardside, Tel. 5 99/46 22 01, Kategorie 2*

Scout's Place
Das einstige Gästehaus der Regierung. Einfach, aber sehr angenehm. Keine Kreditkarten. *Windwardside, Tel. 5 99/46 22 05, Kategorie 3*

FESTE UND FEIERTAGE

1. Jan., Karfreitag und Ostermontag, 30. April *(Geburtstag der Königin)*, 1. Mai, Christi Himmelfahrt, 7.–9. Dez. *(Saba Days)*, 25. und 26. Dez., Feste: Juni *(Carnival)*, 15. Dez. *(Nationalfeiertag)*

SPIEL UND SPORT

Saba Deep
Bootsfahrten, Hochseeangeln und Tauchen, *Tel. 5 99/46 33 47 oder 5 99/46 22 01*

AUSKUNFT

Saba Tourist Office
Windwardside, Tel. 5 99/46 22 31, Mo–Fr 8–12 und 13–17 Uhr

ST. EUSTATIUS

Kolumbus nannte die Insel St. Anastasia, aber sie wird von allen nur »Statia« – das ist die Kurzform – gerufen. Sint Eustatius (1800 Ew.) ist sie erst später von den Holländern genannt worden. Die Insel hat eine aufregende Geschichte hinter sich: Die Besitzer der Insel wechselten sich 22mal ab, bevor die Holländer 1816 ihre Ansprüche geltend machen konnten. Im 18. Jh. war Statia ein wohlhabender Handelsstützpunkt, der eine wichtige Rolle im Warenverkehr zwischen Europa, Afrika, der Karibik und Nordamerika spielte. Hier wurde alles umgeschlagen: Sklaven, Baumwolle, Zucker, Gewürze, Waffen und Tabak. Am 16. November 1776 war Statia der erste fremde Staat, der die Unabhängigkeit der jungen Vereinigten Staaten durch Salutschüsse für ein amerikanisches Schiff anerkannte – wenn auch versehentlich. Die Racheaktion der Briten leitete eine lange Zeit wirtschaftlicher Mißerfolge ein, die erst in der jüngsten Vergangenheit durch den Tourismus beendet wurden. (B 3)

BESICHTIGUNGEN

Fort Oranje

Von der Festungsanlage aus auf einer Klippe über Oranjestad hat man einen schönen Blick auf das Meer. Hier wurden die erwähnten Salutschüsse abgefeuert, vielleicht aus den Kanonen, die man noch heute sieht.

Oranjestad

In der Oberstadt gibt es wunderschöne Gebäude aus der niederländischen Kolonialzeit, zum Beispiel das *De-Graaff-Huis* und *Three Widows Corner*, beide können besichtigt werden. Im ehemaligen Hafengebiet der Unterstadt können Sie einen Blick in die alten Lagerhäuser werfen.

The Quill

★ Der Krater des erloschenen Vulkans hat über einen halben Kilometer Durchmesser. Wenn der Mond in klaren Nächten sehr hell scheint, fangen die Einheimischen hier Landkrebse, die am nächsten Tag in den Kochtopf wandern. Wenn Ihre Kondition nicht die beste ist, sollten Sie auf einen solchen Ausflug eher verzichten, denn der Aufstieg dauert etwa drei Stunden.

MUSEUM

St. Eustatius Historical Foundation Museum

Das Museum zeigt Ausstellungen aus der indianischen Zeit und dem 17./18. Jahrhundert, der »Goldenen Zeit« Statias. *Im De-Graaff-Huis, 12 van Tonningenweg, Mo–Fr 9–17 Uhr, Eintritt $ 1 Erwachsene, $ 0,50 Kinder*

RESTAURANTS

L'Etoile

Ein einfaches, sehr beliebtes Restaurant, das preiswerte kreolische Küche, aber auch Hamburger und ähnliches anbietet. *Prinsesweg, Oranjestad/Oberstadt, Tel. 5 99/38 22 99, Kategorie 3*

Mooshay Bay Publick House

Ausgezeichnete, phantasievolle französische Küche mit karibi-

MARCO-POLO-TIPS FÜR DIE NIEDERLÄNDISCHEN ANTILLEN

1 **Naturpark Saba**
Die Gewässer um die Insel sind Naturschutzgebiet (Seite 75)

2 **The Quill auf Sint Eustatius**
Ein verwunschener Vulkankrater (Seite 77)

3 **The Passangrahan Royal Guest House**
Sie wohnen hier wie einst die Königin der Niederlande, denn das kleine Stadthotel war einst ihr Gästehaus (Seite 79)

schen Einflüssen in elegant-rustikaler Umgebung. Reservierung empfohlen. *Old Gin House, Oranjestad/Unterstadt, Tel. 5 99/ 38 23 19, Kategorie 1*

HOTEL

Old Gin House

Das beste Hotel der Insel! Es liegt im unteren Teil der Stadt und ist einer alten Baumwollspinnerei und dem dazugehörigen Lagerhaus angeschlossen. Die Gästezimmer sind alle verschieden eingerichtet, manche von ihnen auch mit Antiquitäten ausgestattet. *P. O. Box 172, Oranjestad, Tel. 5 99/38 23 19, Kategorie 2*

FESTE UND FEIERTAGE

1. Jan., Karfreitag und Ostermontag, 30. April *(Geburtstag der Königin)*, 1. Mai, Christi Himmelfahrt, 7.-9. Dez. *(Saba Days)*, 25. und 26. Dez., Feste: Juli *(Carnival)*, 16. Nov. *(Statia-America Day)*

STRÄNDE

Die Strände an der Ostküste sind wunderschön, und das Wasser geradezu einladend. Aber seien Sie vorsichtig, die gefährlichen Strömungen machen den Wasserspaß zum russischen Roulette; informieren Sie sich bei Einheimischen. Gute Badestrände sind die *Corre Corre Bay* und *Smoke Alley Beach.*

AUSKUNFT

St. Eustatius Tourist Office

3, Fort Oranjestraat, Tel. 5 99/ 38 24 33, Mo–Fr 8–12 und 13–17 Uhr

ST. MAARTEN

Sint Maarten teilt sich mit seinem französischen Nachbarn St. Martin die Insel. Diese Verbindung ist weltweit die kleinste geographische Einheit, auf der zwei Nationalstaaten friedlich nebeneinander leben. Die Teilung wurde das erstemal im Jahr 1648 beschlossen. Die Verträge, auf die die heutige Lage zurückgeht, stammen aus dem Jahre 1816. Der niederländische Teil der Insel ist etwas kleiner als der französische und liegt im Süden der Insel. Sint Maarten ist die wohlhabendste der niederländischen Antillen. Diesen Reichtum hat es sich teilweise durch eine extensive Bebauung erkauft und mit dem Bau großer Hotelanlagen nach amerikanischem »Resort«-Muster. (A/B 3)

BESICHTIGUNGEN

Philipsburg

Die Hauptstadt liegt auf einer schmalen Landbrücke zwischen der Groot Bai und dem Great Salt Pond. So ist Philipsburg eine der wenigen Städte auf den Kleinen Antillen, die über einen echten »Stadtstrand« verfügen. Parallel zum Wasser verlaufen die beiden Hauptstraßen der Stadt: Voorstraat (Front Street) und Achterstraat. Frontstreet ist die Einkaufsmeile mit Duty-Free-Shops, Restaurants und Spielcasinos. Sehenswert ist das alte niederländische Gerichtsgebäude.

RESTAURANTS

Sam's Restaurant and Pub

✱ Ein Treffpunkt der Einheimischen, Exilamerikaner und Touristen. Hier bekommt man amerikanisches Essen, Hausmannskost sowie Fast-Food. *Front Street, Philipsburg, Tel. 5 99/52 29 89, Kategorie 3*

West Indian Tavern
Eine gute Adresse für kreolische Küche, obwohl der Inhaber Ire ist. *Front Street, Philipsburg, Tel. 5 99/52 29 65, Kategorie 2*

EINKAUFEN

Front Street
Hier reihen sich die abgabenfreien Geschäfte aneinander. Philipsburg ist neben Charlotte Amalie auf St. Thomas in den US Virgin Islands der bekannteste Duty-Free-Hafen der nördlichen Karibik. Es gibt kaum etwas, was man hier nicht bekommt.

HOTELS

Oyster Pond Yacht Club
Die Gesellschaftsräume des Hotels gruppieren sich um einen schönen Innenhof. Die Gästezimmer sind licht und geräumig, mit Blick aufs Meer. *P. O. Box 239, Philipsburg, Tel. 5 99/52 22 06, Kategorie 1*

St. Maarten: Einkaufen wie in Holland, aber zollfrei

The Passangrahan Royal Guest House
★ Das kleine Stadthotel war einst Gästehaus der niederländischen Königsfamilie auf Sint Maarten, im Foyer hängt noch heute ein Bild der Königin. *P. O. Box 151, Philipsburg, Tel. 5 99/52 35 88, Kategorie 2*

FESTE UND FEIERTAGE

1. Jan., Karfreitag und Ostermontag, 30. April *(Geburtstag der Königin)*, 1. Mai, Christi Himmelfahrt, 7.-9. Dez. *(Saba Days)*, 25. und 26. Dez., Feste: Frühling *(Trade Winds Regatta)*, 11. Nov. *(Concordia Day)*

SPIEL UND SPORT

Wassersport
Maho Watersports, Great Bay Marina, Philipsburg, Tel. 5 99/54 43 87

STRÄNDE

Neben dem Stadtstrand von Philipsburg sind auch die Strände in der *Maho Bay* und der *Mullet Bay* sehr schön.

AM ABEND

Casinos
In vielen der großen amerikanischen Hotels gibt es Spielcasinos und Unterhaltung.

AUSKUNFT

Tourist Information Bureau
Cyrus Wathey Square, Philipsburg Tel. 5 99/52 23 37, Mo–Fr 8–12 und 13–17 Uhr

Tausend kleine Meerjungfern

Zwischen den winzigen Inselchen läßt es sich herrlich segeln. Auf den britischen geht es ruhiger zu als auf den amerikanischen

Wenn man mit einem der kleinen »Inselhüpfer« die Virgin Islands anfliegt, erlebt man so etwas wie eine Offenbarung: Unter dem Flugzeug liegen, soweit das Auge reicht, kleine, größere und winzige Inseln, dazwischen breitet sich das in allen erdenklichen Blau- und Grünschattierungen schimmernde Meer aus. Es ist von weißen Federstrichen der Kielwasser durchzogen, die sich hinter den Yachten ausbreiten. Schon Kolumbus muß die immense Anzahl der Inseln beeindruckt haben, denn er benannte die Gruppe nach den tausend Jungfrauen, die die Gefolgschaft der Heiligen Ursula bildeten. Übertrieben hat er damit nicht, es sind tatsächlich um 1600 Eilande, die sich südöstlich von Puerto Rico als nördlichste Gruppe der Kleinen Antillen aus dem Meer erheben. Geographisch bilden die Inseln eine Einheit, nur zwei liegen etwas abseits: St. Croix im Süden und Anegada im Norden. Politisch sind die Inseln zweigeteilt: im Osten die British Virgin Islands, im Westen die US Virgin Islands. Die Unterschiede der beiden Gruppen sind durch ihre Geschichte und die Auswirkungen der zwei politischen Systeme zu erklären.

Wie von Giganten verstreut: Felsen am Strand von Gorda

BRITISH VIRGIN ISLANDS

Die British Virgin Islands sind ruhiger, gelassener und stiller als ihr amerikanischen Schwestern. »Laid back« (»Ganz entspannt«) ist die Grundeinstellung der Inselbewohner. Weder in Roadtown, der Hauptstadt auf Tortola, noch in irgendeiner der Hotelanlagen oder kleineren Siedlungen kommt jemals Hektik, Eile oder Nervosität auf.

Die Inseln liegen in zwei losen Ketten nördlich und südlich des Sir Francis Drake Channels. Die Gewässer zwischen ihnen gehören zu den besten Segelrevieren der Welt: relativ sturmsicher, navigatorisch nicht sehr fordernd und mit einer großen Auswahl an schönen Ankerplätzen in kleinen Buchten oder gutausgestatteten Marinas. Nicht ohne Grund hat hier die weltweit größte Yachtcharterfirma ihr Hauptquartier.

Nachdem Kolumbus die Inseln entdeckt hatte, blieben sie lange Zeit in spanischem Besitz. Erst 1672 fielen sie an die englische Krone. Heute sind sie britische Kronkolonie, das heißt, die englische Königin ist Staatsoberhaupt, doch die inneren Angelegenheiten werden weitgehend autonom geregelt.

Wenn Sie sich entspannen wollen, baden, schnorcheln, faulenzen, dann sind Sie auf den British Virgins richtig. Zu besichtigen gibt es wenig, und die Einkaufsmöglichkeiten sind nicht überragend (die Insulaner fahren für größere Einkäufe auf die US Virgins). Ihr Nachtleben müssen Sie selbst gestalten. (A 4/5)

TORTOLA

Die Hauptinsel der British Virgin Islands (9200 Ew.) liegt am nördlichen Rand des Francis Drake Channels. Der größte Teil der Insel ist von Buschwerk bewachsen, da der ursprüngliche Regenwald abgeholzt wurde, um Raum für Zuckerrohrpflanzungen zu schaffen. Nur am Mount Sage auf der Westhälfte der Insel findet man noch Spuren der einstigen Vegetation. (A 5)

BESICHTIGUNGEN

Botanic Gardens

Der Botanische Garten der Inselhauptstadt ist noch relativ jung, kann aber aufgrund der Bemühungen örtlicher Geschäftsleute und anderer Sponsoren inzwischen schon eine schöne Anlage vorweisen; mit kleinem Orchideenhaus und Teich. *Mo–Sa 9.30–17.30 Uhr, Eintritt frei, Road Town*

Sage Mountain National Park

Mount Sage ist der höchste »Berg« (543 m) auf Tortola. An seinen Hängen liegt der Nationalpark, in dem der Regenwald unter Schutz steht. Auf Tortola und den anderen Inseln wächst wegen der intensiven Plantagenwirtschaft in den vergangenen Jahrhunderten fast nur macchiaähnliches Strauchwerk. Auch der Regenwald des National-

MARCO-POLO-TIPS FÜR DIE VIRGIN ISLANDS

1 Sugar Mill auf Tortola
Ein außerordentlich gutes Hotelrestaurant (Seite 83)

2 Fort Burt Hotel auf Tortola
Ein schönes Stadthotel (Seite 83)

3 Buck Island National Park bei St. Croix
Ein Nationalpark unter Wasser, die beste Einführung für Schnorchel-Novizen, per Boot zu erreichen (Seite 86)

parks ist nicht sonderlich beeindruckend, ist aber von einer Vielzahl gut angelegter Wege erschlossen. *Eintritt frei, Zufahrt über Joes Hill Road*

Roadtown
Das schläfrige kleine Städtchen liegt von Hügeln umrahmt an einer Bucht der Südküste. Roadtown ist Hauptstadt, Residenzstadt des Gouverneurs und Verwaltungssitz der British Virgin Islands. Vom Hafen aus fahren Fährschiffe zu den andern Inseln des Archipels und nach *St. John's* (US Virgins).

RESTAURANTS

The Apple
Hier bekommt man das beste karibische Essen der Insel. Wenn der Zufall es will, findet auf der anderen Straßenseite während des Dinners ein Freiluftgottesdienst der unzähligen evangelischen Kirchen statt. *Di–So 16 bis 24 Uhr, Little Apple Bay, Tel. 8 09/ 4 95 44 37, Kategorie 2*

Sugar Mill
★ Das Restaurant des gleichnamigen empfehlenswerten Hotels bietet abends ein tolles Menü zum Festpreis an. Rufen Sie vorher an, und lassen Sie sich sagen, was in den nächsten Tagen alles auf der Speisekarte steht. *Apple Bay, Tel. 8 09/4 95 43 55, Kategorie 1*

EINKAUFEN

Pusser's Company Store & Pub
In den hinteren Räumen liegt der Store, in dem man Pusser's Rum, Strandbekleidung und allerhand maritime Souvenirs erstehen kann. *Main Street, Road Town, Tel. 8 09/4 94 24 67*

Tortola: ganz entspannt auf den British Virgins

HOTELS

Fort Burt
★ Das kleine Hotel liegt auf einem Felsvorsprung über der Bucht von Roadtown mit einem schönen Blick auf die Stadt, die Bucht und die weiter südlich liegenden kleineren Inseln. Es gibt zwar keinen Strand, und der Swimmingpool ist auch nicht der einladendste, aber mit einem Pendeldienst kann man sich an schöne Strände bringen lassen. Die Zimmer sind einfach, aber zweckmäßig eingerichtet, und haben eine eigene Terrasse. Das Essen im Hotelrestaurant ist ganz vorzüglich, und ein Besuch lohnt sich auch dann, wenn man anderswo Quartier bezogen hat. Nach dem Essen kann man sich an der Bar mit dem Besitzer Richard Hodgkins oder mit den vielen Einheimischen einen Drink genehmigen. *P. O. Box 187, Road Town, Tel. 8 09/4 94 25 87, Kategorie 2–3*

Frenchman's Cay Resort Hotel
Die Gästebungalows der Anlage liegen etwas oberhalb der Gemeinschafts- und Rezeptionsgebäude. Jeder Bungalow hat seine eigene Küche, ein bis drei Schlafzimmer und einen schönen Blick auf den Sir Francis Drake Channel. Der Tennisplatz kann auch von Besuchern benutzt werden. *P. O. Box 10 54, West End, Tel. 8 09/4 94 48 44, Kategorie 2*

Long Bay Beach Resort
Die Schäden am Hotel, die »Hurricane Hugo« hinterlassen hat, sind inzwischen behoben, und am Hang oberhalb des Strandes sind mehrere Trakte mit neuen Zimmern entstanden. Schöner und ursprünglicher sind aber die auf Pfählen stehenden Bungalows direkt am Meer, die jedoch den Vorstellungen des Managements nicht mehr entsprechen und deshalb irgendwann ersetzt werden sollen. *Aug.–Sept. geschl., P. O. Box 433, Tel. 8 09/4 95 42 52, Kategorie 2*

FESTE UND FEIERTAGE

1. Jan., zweiter Montag im März *(Commonwealth Day)*, Karfreitag, Ostermontag, Pfingstmontag, zweiter Montag im Juni *(Queen's Birthday)*, 1. Juli *(Territory Day)*, 21. Okt. *(Namenstag der Heiligen Ursula)*, 14. Nov. *(Prince Charles' Birthday)*, 25. und 26. Dez., Feste: April *(Spring Regatta)*, Juli/Aug. *(Emancipation Day)*, Aug. *(Tortola Festival)*

SPIEL UND SPORT

Segeln
Auf den Inseln gibt es Dutzende von Charterfirmen, die Segelyachten mit oder ohne Besatzung vermieten. Im *Tourist Office* gibt es eine Liste. *The Moorings* ist die größte Charterfirma der Welt, ihr Hauptsitz ist in *Roadtown, Wickhams Cay II, Tel. 8 09/4 94 23 31*. Kleiner, mit deutschsprachigem Management: *Tropic Island, P. O. Box 532, Long Look, Tel. 8 09/4 94 24 50*

Tauchen
Underwater Safaris, P. O. Box 139, Tel. 8 09/4 94 32 35

STRÄNDE

Die besten Strände liegen an der Nordküste. Die Hotelstrände vom *Sugar Mill* und *Cane Garden Bay Beach Hotel* (auf der Insel auch als Ryhmers Hotel bekannt) sind öffentlich zugänglich und schön. Ruhiger ist *Smugglers Cove*, da es etwas abseits liegt.

AM ABEND

Pusser's Company Store & Pub
Pusser's, einst als Rumlieferant der englischen Flotte zu bescheidenem Ruhm gekommen, bietet in maritim-britischer Atmosphäre kleine Gerichte, Bier vom Faß und den Cocktail »Pusser's Remedy«. *Main Street, Road Town, Tel. 8 09/4 94 24 67*

AUSKUNFT

BVI Tourist Board Office
Roadtown, Tortola P. O. Box 134, Tel. 8 09/4 94 31 34

INSELN IN DER UMGEBUNG

Anegada
Anegada ist korallinen Ursprungs, die Insel erhebt sich

nicht einmal zehn Meter über das Meer. Vor der Küste liegen eine Reihe von Wracks, in denen man noch ungehobene Schätze vermutet. (A 4)

Jost van Dyke

Die Insel und ihre kleinere Schwester Little Jost van Dyke liegen westlich von Tortola. Der Name erinnert an einen holländischen Piraten. Auf Jost van Dyke gibt es eine Reihe von Restaurants und Beach Bars, die bei Seglern sehr populär sind: Versuchen Sie es mal mit *Harris' Place, Little Harbour* oder *Happy Laury's.* (A 5)

Necker Island

Das Inselchen nordöstlich von Tortola gehört Richard Branson, dem Besitzer der Plattenfirma Virgin Records. Die Insel und das Haus kann von Gruppen ab zehn Personen gemietet werden (in der Hochsaison bis zu US-$ 8250 pro Tag!) *Tel. Auskunft: London, GB, 071/9383618* (A 4)

Norman Island

Ein unbewohntes Trauminselchen und ein Paradies für Schnorchelfanatiker. (A 5)

Peter Island

Schöne Strände und ein herrliches Luxushotel. Wer aber nicht gleich einziehen möchte, kann einen Tagesausflug von Roadtown aus mit der Fähre unternehmen. *Peter Island Hotel and Yacht Club, P. O. Box 211, Tel. 809/4942561, Kategorie L* (A 5)

Virgin Gorda

Die Insel (1000 Ew.) ist bekannt wegen der an der Südwestküste gelegenen »Baths«, einer Reihe von großen Felsbrocken, die kleine Bassins, Höhlen und offene oder überdeckte Kanäle bilden – interessant zum Schwimmen und Schnorcheln. Das beste Hotel am Platze ist das *Little Dix Hotel, P. O. Box 70, Tel. 809/4955555, Kategorie L.* Ein gutes Restaurant ist das *Biras Creek,* welches man nur mit dem Boot erreicht. *North Sound, Tel. 809/4943555, Kategorie 2* (A 4)

US VIRGIN ISLANDS

Die amerikanischen Virgin Islands gehören seit 1917 (kein Bundesstaat) zu den Vereinigten Staaten, die sie für 25 Millionen Dollar der dänischen Krone abkauften. Auch wenn ihre Einwohner ein eingeschränktes Wahlrecht bei den amerikanischen Präsidentschaftswahlen haben, wird die Inselgruppe doch durch eine frei gewählte eigene Regierung regiert. In der Vergangenheit lebten die Inseln hauptsächlich vom Zuckerrohranbau und Handel. Seit der kubanischen Revolution sind die Inseln heute ein Urlaubsparadies für die Amerikaner, die ohne Formalitäten einreisen können und besonders große Freimengen zollfreier Waren mit in die Heimat nehmen dürfen. Die Inseln sind sehr amerikanisch, und wer sich in Florida wohlfühlt, wird sich vermutlich auch auf den US Virgin Islands heimisch fühlen: große, moderne Hotelanlagen, Straßenkreuzer, Fastfood – *American Way of Life!* Allerdings auch mit Schattenseiten: Die Kriminalität ist höher als anderswo auf den Kleinen Antillen, die Preise sind höher und insgesamt ist mehr Trubel. (A/B 5)

ST. CROIX

St. Croix ist mit 51 000 Einwohnern die größte Insel der US Virgins. Es liegt etwa 120 Kilometer südlich von St. John und St. Thomas. Die beiden Städtchen (Christiansted, Frederiksted) auf St. Croix haben viel von ihrem dänischen Flair erhalten, das auf ihre einstigen Besitzer hinweist, mehr als etwa St. John oder St. Thomas. St. Croix hatte sehr unter dem »Hurricane Hugo« zu leiden, die Schäden an vielen Gebäuden sind noch nicht behoben, und auch der Regenwald nördlich von Frederiksted hat sich noch nicht vollkommen erholt. (B 5)

BESICHTIGUNGEN

Buck Island National Park

★ Falls man nicht schon ein begeisterter Schnorchler geworden ist, kann man auf den US Virgins bei einem Ausflug in die faszinierende Unterwasserwelt zu einem werden. Vor der Nordküste von St. Croix liegt Buck Island, eine kleine Insel, die mit ihren ausgedehnten Schnorchelrevieren von den Vereinigten Staaten zum Nationalpark erklärt worden ist. Deswegen ist ein Besuch auf eigene Faust auch nicht möglich, man muß in Christiansted einen Tagesausflug auf einem Segelboot oder einem Katamaran buchen. Im Preis sind Flossen, Maske und Schnorchel enthalten, bei manchen Veranstaltern sogar ein Grill-Essen am Strand. Die Schnorchel-Eleven erhalten an Bord eine Einweisung in die Technik des Schnorchelns, falls sich absolute Anfänger in der Gruppe befinden, und dann geht es paarweise unter sachkundiger Führung hinab. Einen Unterwasserpfad entlang, der durch einen Teil des Parks führt, vorbei an erklärenden Tafeln, die Hinweise auf den Routenverlauf geben und auf verschiedene Korallenarten und andere Bewohner der Tiefe. Die Korallen sind leider zum Teil beschädigt oder abgestorben, man hofft aber, daß sie sich erholen werden. *Captain Big Beard's Adventure Tours, halber Tag $ 27, ganzer Tag $ 48, Buck Island Charters, P. O. Box 45 34, Christiansted, Tel. 8 09/ 7 73 44 82*

Christiansted

Die Altstadt von Christiansted zeigt, wie vernünftig die Dänen mit dem anstrengenden Klima der Karibik umgegangen sind: Viele Straßen sind von Arkaden gesäumt, so daß ein Spaziergang weder in der Mittagshitze noch bei einem Regenschauer unmöglich ist. Besonders interessant ist das Labyrinth von Gassen und Straßen am nördlichen Ende der *Queen Cross Street*, in dem sich Geschäfte, Restaurants und Boutiquen niedergelassen haben.

Fort Christiansvaern

Am Hafen von Christiansted liegt die alte Festungsanlage, die 1774 von den Dänen an der Stelle einer älteren französischen Festung errichtet wurde. Heute kann man verschiedene Räume besichtigen, zum Beispiel das Pulvermagazin, die Verliese oder die Kasernenräume. *Eintritt frei, tgl. 8–16.45 Uhr*

Frederiksted

Die kleinere (4000 Ew.) der beiden Städte auf St. Croix, in der

Große Menschen in einer kleinen Stadt: Tänzer auf Stelzen im alten dänischen Frederiksted

viele schöne alte Gebäude aus der Kolonialzeit stehen, die einen Tagesausflug lohnen.

RESTAURANTS

Kendrick's

Das Restaurant im ersten Stock ist bei den einheimischen Geschäftsleuten wegen der guten Küche beliebt, ein Insidertip ist es dennoch nicht: jeden Abend sind alle Tische belegt, und es ist eine Menge los. *King Street, Tel. 809/773 91 99, Kategorie 1*

Tivoli Gardens

Das Restaurant ist schön luftig, man sitzt auf einer überdachten Terrasse, die Atmosphäre ist entspannt, die Küche gut. Nach dem Essen kann man beim Digestif dem Pianisten lauschen und unter schwarzblauem Nachthimmel träumen. *Pan Am Pavillion, 39 Strand Street, Tel. 809/773 67 82, Kategorie 2*

EINKAUFEN

St. Croix hat keine »Duty-Free-Meile« wie St. Thomas. Dagegen ist ein Bummel durch die Altstadt von Christiansted so oder so vergnüglich.

HOTELS

Carambola Beach Resort and Golf Club

Ein typisch amerikanisches Resort. Alle denkbaren Sportarten werden angeboten, zum Beispiel Tennis und Golf. Alle Mahlzeiten sind im Preis inbegriffen. Das Hotel liegt zwischen Christiansted und Frederiksted. *P. O. Box 3031, Kingshill, Tel. 809/778 38 00, Kategorie 1*

The Pink Fancy

Das kleine Hotel in einem alten dänischen Stadthaus mit rosa getünchten Dächern liegt im Zentrum von Christiansted. Die Geschäfte und Restaurants sind kaum fünf Minuten zu Fuß entfernt. Die Zimmer sind für Selbstversorger eingerichtet und um den schönen kleinen Swimmingpool gruppiert. Der freundliche amerikanische Besitzer klärt den Gast nicht nur über die »Do's and Dont's« seines Hauses auf, sondern auch über die der Stadt und Insel. *27 Prince Street, Christiansted, Tel. 809/773 84 60, Kategorie 2*

FESTE UND FEIERTAGE

1. Jan., 6. Jan. *(Heilige Drei Könige)*, 15. Jan. *(Martin Luther King Day)*, 19. Feb. *(President's Day)*, Gründonnerstag, Karfreitag, Ostermontag, 31. März *(Transfer Day)*, April *(Carnival)*, 28. Mai

(Memorial Day), 18. Juni *(Organic Act Day)*, 3. Juli *(Emanzipation Day)*, 4. Juli *(Independence Day)*, 23. Juli *(Hurricane Supplication Day)*, Anfang Sept. *(Labour Day)*, Mitte Okt. *(Puerto Rico-Virgin Islands Friendship Day)* und *(Hurricane Thanksgiving Day)*, 1. Nov. *(Liberty Day)*, 11. Nov. *(Veterans Day)*, Mitte Nov. *(Thanksgiving Day)*, 25. u. 26. Dez.

SPIEL UND SPORT

Reiten

Dem Hotel *Sprat Hall* nördlich von Frederiksted ist ein Reitstall angeschlossen, der Ausritte anbietet, auch Anfängern. *Jill's Equestrian Stables, Sprat Hall Plantation, Tel. 8 09/7 72 28 80, US $ 40 für einen zweistündigen Ausritt*

Tauchen

Es gibt eine Reihe von Veranstaltern, die Tauchausflüge mit dem Boot und Unterricht für Anfänger anbieten. Ein Tauchgang kostet um US $ 30, ein Kurs ab US $ 300. Empfehlenswert: *VI Divers, Pan Am Pavillion, Christiansted, Tel. 8 09/7 73 60 45*

STRÄNDE

Der Zugang zu den Stränden auf St. Croix ist frei, nur wenn man die Anlagen eines am Strand liegenden Hotels nutzen möchte, wird gelegentlich eine Gebühr erhoben. Gute Strände: *Cane Bay, Grapetree Beach, Buccaneer* und *Cormorant Beach*

AUSKUNFT

St. Croix Division of Tourism

P. O. Box 45 38, Scalehouse, Christiansted, Tel. 8 09/7 73 04 95

ST. THOMAS

Die Hauptinsel (ca. 48 000 Ew.) der US Virgin Islands ist inzwischen intensiv bebaut, so daß von den zweifellos einst vorhandenen landschaftlichen Schönheiten nicht mehr viel zu sehen ist. Charlotte Amalie, die Hauptstadt, platzt aus allen Nähten; am Hafen und am Rand des Stadtzentrums ragen Betonklötze in den Himmel. Dennoch ist die Stadt tagtäglich von Kreuzfahrtgästen gern besucht, denn zwischen Waterfront und Main Street erstreckt sich ein Gewirr von Gäßchen, die eine unüberschaubare Menge an Duty-Free-Shops beherbergen. Das einzige, was man hier nicht bekommt, sind natürlich Havannas – kommunistische Zigarren aus Kuba. (A 5)

BESICHTIGUNGEN

Coral World Marine Park

Durch riesige, dicke Glasscheiben können Sie das Treiben in einem lebendigen Korallenriff bestaunen. *Tgl. 9–18 Uhr, Route 6, Coki Point, Tel. 8 09/7 75 15 55*

Charlotte Amalie

Charlotte Amalie ist die Hauptstadt der US Virgin Islands. Die Stadt wird auf jeder Kreuzfahrtroute durch die nördlichen Kleinen Antillen angelaufen, da die gesamte Main Street ein einziger Duty-Free-Shop ist. Außer Einkaufsmöglichkeiten hat die Stadt nicht viel zu bieten.

Mountain Top

Von diesem Aussichtslokal aus, etwa 500 Meter hoch, haben Sie eine schöne Sicht auf den nördlichen Teil von St. Thomas, auf die Magans Bay, Tortola, und wenn Sie Glück haben und der Himmel klar ist, können Sie noch einige andere Inseln sehen. *Route 33*

RESTAURANT

Hotel 1829

Eins der besten Restaurants auf St. Thomas. Spezialität: frische Meeresfrüchte. *Government Hill, Charlotte Amalie, Tel. 809/ 776 18 29, Kategorie 1*

EINKAUFEN

Charlotte Amalie

Auf der Main Street von Charlotte Amalie finden Sie internationale Designernamen, Schweizer Uhren, japanische Unterhaltungselektronik, hochwertige Parfümerieartikel, Alkohol und Tabak – alles zollfrei.

HOTEL

Hotel 1829

Das alte Haus im spanischen Kolonialstil bietet eine würdige Heimstatt in der Hauptstadt, die Einkaufszone ist in unmittelbarer Nähe. *P. O. Box 15 67, Government Hill, Charlotte Amalie, Tel. 809/776 18 29, Kategorie 2*

FESTE UND FEIERTAGE

1. Jan., 6. Jan. *(Heilige Drei Könige)*, 15. Jan. *(Martin Luther King Day)*, 19. Feb. *(President's Day)*, Gründonnerstag, Karfreitag, Ostermontag, 31. März *(Transfer Day)*, April *(Carnival)*, 28. Mai *(Memorial Day)*, 18. Juni *(Organic Act Day)*, 3. Juli *(Emanzipation Day)*, 4. Juli *(Independence Day)*, 23. Juli *(Hurricane Supplication Day)*, Anfang Sept. *(Labour Day)*, Mitte Okt. *(Puerto Rico-Virgin Islands Friendship Day)* und *(Hurricane Thanksgiving Day)*, 1. Nov. *(Liberty Day)*, 11. Nov. *(Veterans Day)*, Mitte Nov. *(Thanksgiving Day)*, 25. u. 26. Dez.

SPIEL UND SPORT

Coconut

Segeln, Schnorcheln und Schlemmen auf dem Trimaran. *Stouffer Grand Beach Resort, East End, Tel. 809/775 59 59*

Mask And Fin Watersports Center

Grand Hotel gegenüber Emancipation Park, Tel. 809/774 71 77

AM ABEND

Club Z

Italienisches Restaurant mit Diskothek. *Tgl. Tanz ab 21.30 Uhr, 41, Contant, Down Town Charlotte Amalie, Tel. 809/776 46 55*

AUSKUNFT

St. Thomas Division of Tourism

P. O. Box 64 00, Waterfront, Charlotte Amalie, Tel. 809/774 87 84

INSELN IN DER UMGEBUNG

St. John

Die östlichste der US Virgin Islands ging in den fünfziger Jahren zur Hälfte in den Besitz der Rockefellers über. Die Magnatenfamilie spendete den größten Teil des Landes für die Errichtung eines Nationalparks, der heute fast zwei Drittel der 50 qkm großen Insel bedeckt. St. John (ca. 3000 Ew.) ist deshalb ruhiger als St. Thomas und St. Croix. (A 5)

Von Auskunft bis Zoll

Hier finden Sie kurzgefaßt die wichtigsten Adressen und Informationen für Ihre Karibikreise

AUSKUNFT

Die Touristenbüros auf den einzelnen Inseln wurden in den entsprechenden Kapiteln angegeben. Hier die Liste der Büros in Deutschland:

Government of Antigua and Barbuda, Department of Tourism
6142 Kronberg, Postfach 1331, Tel. 06173/5011

Barbados Board of Tourism
6000 Frankfurt 1, Rathenauplatz 1A, Tel. 069/280982

British Virgin Islands, The West India Committee/WICRG
2000 Hamburg 70, Lomerstr. 28, Tel. 040/6958846

Französische Antillen
6000 Frankfurt/M., Bethmannstr. 58, Tel. 069/283315

St. Lucia Tourist Board
6380 Bad Homburg 1, Postfach 2304, Tel. 06172/304431

St. Vincent and the Grenadines
7032 Sindelfingen, Wurmbergstr. 26, Tel. 07031/806260

US Virgin Islands, Fremdenverkehrsamt
6050 Offenbach, Postfach 100244, Tel. 069/813032

ARZT

Die medizinische Versorgung variiert von Insel zu Insel. Sie können aber davon ausgehen, daß Sie im Bedarfsfall auf jeder Insel grundlegend versorgt werden. Die Ärzte sprechen gut Englisch (auf den Französischen Antillen französisch). Trotzdem sollten Sie eine gut ausgerüstete Reiseapotheke dabei haben.

BUSSE

Vergessen Sie alles über Bushaltestellen und Fahrpläne! »Busse« sind in der Karibik Kleinbusse mit Taxi-Charakter. Das heißt, es wird eingeladen, solange noch Platz ist. Jeder Gast zahlt individuell für die Strecke, die er mitfährt. Wenn die Ziele der einzelnen Passagiere weit auseinanderliegen, müssen Sie entweder auf den nächsten »Bus« warten, oder sich auf eine längere Reise gefaßt machen.

DIPLOMATISCHE VERTRETUNGEN

Die einzige Botschaft der Bundesrepublik Deutschland befindet sich in Trinidad

Deutsche Botschaft
7–9 Marli Street, P.O. Box 828, Port-of-Spain, Trinidad, Tel. 809/ 6281630

GELD

Auf den meisten Inseln der Kleinen Antillen wird mit dem East Caribbean Dollar (»Ostkaribischer Dollar« EC$) bezahlt, obwohl der US Dollar (US$) auch gerne genommen wird. Ausnahme sind die Virgin Islands (US$), die französischen Inseln (Franc = FF), die holländischen Inseln (Antillengulden = Nafl) und Barbados (Barbadosdollar = BDS$). Ein bequemes und sicheres Zahlungsmittel sind Reiseschecks, die in allen Banken und in vielen Hotels eingelöst werden. Auch Kreditkarten der großen internationalen Organisationen werden inzwischen akzeptiert.

INSELHÜPFEN

Eine Unzahl von kleinen Luftlinien verkehren zwischen den Inseln (manche nennen nur ein einziges Flugzeug ihr eigen). Die beiden größten Carrier sind BWIA und LIAT. Von beiden Gesellschaften gibt es für Inselhüpfer sogenannte *Air-Passes*, die innerhalb einer befristeten Zeit zu einer bestimmten Anzahl verbilligter Flüge berechtigen. Die Airpässe sollten schon im europäischen Abflugsland mitgebucht werden.

MIETWAGEN

Man hat überall eine gute Auswahl an Fahrzeugen, oft kleine japanische Geländewagen, die man auch buchen sollte, wenn man abseits der Hauptstraßen fahren möchte. Tagesmieten fangen bei ca. US-$ 50 an. Bei wochenweiser Anmietung lassen die Preise deutlich nach. Wer nicht mit Kreditkarte bezahlt, muß in der Regel eine Kaution hinterlegen. Außerdem braucht man fast immer einen Inselführerschein, ein eher bürokratisches Unterfangen.

POST – TELEFON

Luftpost wird in der Regel innerhalb weniger Tage befördert, alles andere kann Wochen dauern. Die Postämter sind in jedem Fall vormittags, Hauptpostämter auch nachmittags geöffnet. Das Telefonieren erfolgt über Satellit, und somit ist die Verständigung ausgezeichnet. Eine Minute nach Mitteleuropa kostet ca. $ 3.

REISEZEIT

Die Karibik kann das ganze Jahr über bereist werden. Der Sommer gilt als Regenzeit, und die Temperaturen liegen bei 30 Grad. Im Spätsommer und im Herbst toben die Hurricane, aber nicht immer gleich mit Hugo-Charakter. Der Winter ist klimatisch am schönsten, dafür sind die Hotelpreise auch doppelt so hoch wie im Sommer.

STRASSENVERKEHR

Bis auf die holländischen und französischen Inseln gilt auf den

Straßen Linksverkehr. Auf den US Virgin Islands wird ebenfalls links gefahren, nur haben die Autos das Steuerrad auf der linken Seite.

STROMSPANNUNG

Netzspannung und Stecker sind auf den einzelnen Inseln unterschiedlich. Es empfiehlt sich ein *internationaler* Adapter.

ZEIT

Auf den Kleinen Antillen gilt die *Eastern Standard Time* (Mitteleuropäische Zeit minus 6 Std.).

ZOLL

Die Zollvorschriften unterscheiden sich nur unwesentlich von denen in Europa. St. Martin aber ist ein Freihafen.

WETTER AUF MARTINIQUE

Die monatlichen Durchschnittswerte im Überblick

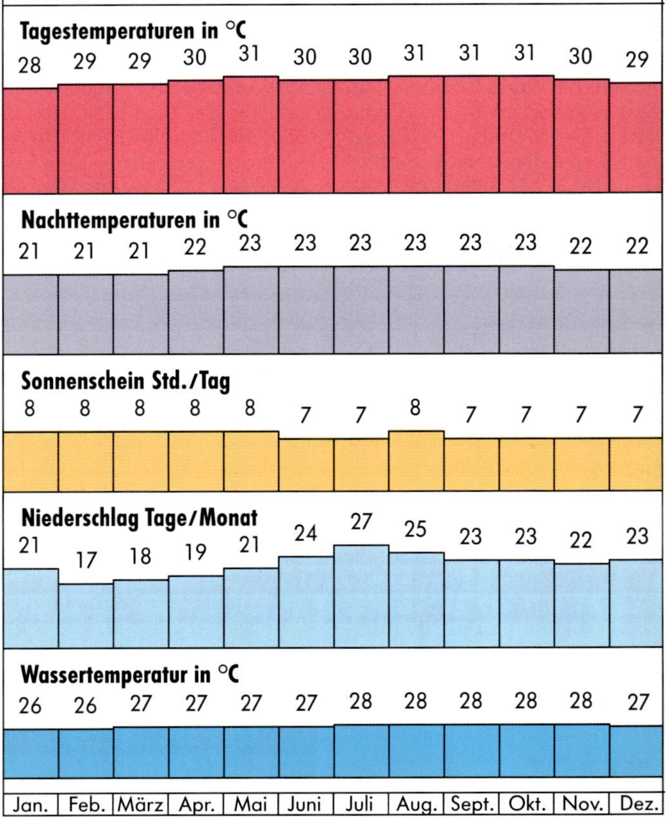

Bloß nicht!

Auch in der Karibik gibt es – wie in allen Reiseländern – Touristenfallen oder Dinge, über die man informiert sein sollte

Machineel Trees

Ein kleiner Wermutstropfen für alle Sonnenanbeter und Strandliebhaber. Es gibt ihn fast an jedem, noch so weißen, palmengesäumten, einsamen oder belebten Strand: den *Machineel Tree.* Schon so manchem hat er den Urlaub verdorben, genauer gesagt, seine Blätter und Früchte waren die Übeltäter. Die sind nämlich giftig, und jeder, der unter diesem Baum Schutz sucht, wird sich wenig später über unangenehmen Hautausschlag beklagen müssen. Die Regentropfen, die vom Baum fallen, enthalten das giftige ätherische Öl und verursachen empfindliche Hautreizungen. Keine Frage, daß man die Früchte auch nicht essen darf. Der *Machineel Tree* ist ein Laubbaum mit herzförmigen Blättern. An belebteren Stränden ist sein Stamm meist mit einem roten Streifen markiert.

Die liebe Sonne . . .

Unterschätzen Sie – vor allem zu Beginn Ihres Ferienaufenthaltes – niemals die Intensität der Sonnenstrahlen in diesen Breitengraden! Selbst wenn Sie schon leicht vorgebräunt sind, oder wenn Sie am Mittelmeer noch nie Probleme mit der Sonne hatten, hier ist die Sonneneinwirkung so stark, daß sie leicht als »Lobster« enden können, einer der krebsrot gebrannten Besucher, über die die Einheimischen gerne spötteln.

Drogen

So mancher wilde Rastaman wird Ihnen – ohne Ihre Aufforderung – die verschiedenen Rauschmittel »organisieren« wollen. Gehen Sie nicht darauf ein! Das Drogenproblem auf den Antillen ist groß, doch die meisten Regierungen sind fest entschlossen, dagegen zu kämpfen. Auf Besitz und Konsum stehen zum Teil drakonische Strafen, auch für Touristen.

Kleidung

Die Inselbewohner legen viel Wert darauf, gepflegt und »gut« angezogen zu sein. Allzu freizügige Kleidung ist – außerhalb der Strände – völlig unangemessen. Nacktbaden ist absolut verpönt, und nur auf den französischen Antillen wird über die Oben-Ohne-Mode am Strand nonchalant hinweggesehen. Vermeiden Sie es daher vor allem abends in Strandkleidung oder Shorts zum Dinner zu erscheinen. In den Luxusrestaurants ist es für den Herrn sogar üblich, Jackett und Krawatte zu tragen!

Mitbringsel

Viele der Inseln sind – noch – Naturparadiese. Tragen Sie dazu bei, daß sie es bleiben. Kaufen Sie keinen Schmuck aus Korallen oder Schildpatt: Die Korallenriffe sterben, und die Meeresschildkröten sind vom Aussterben bedroht. Nehmen Sie keine lebenden Tiere oder Pflanzen mit. Viele der Reptilien und Vögel, die auf den Kleinen Antillen heimisch sind, stehen zu Recht unter Naturschutz. Die meisten Papageienarten sind im Washingtoner Abkommen zum Artenschutz aufgeführt. Der Zoll auf den Inseln und in Ihrem Heimatland sieht über Vergehen bestimmt nicht hinweg.

Caribbean Way of Life

Auf den Antillen haben die Menschen mehr Zeit. Mehr Zeit in der Sonne zu sitzen, mehr Zeit sich zu unterhalten, mehr Zeit zu leben. Tun Sie es ihnen nach. Lassen Sie sich auch Zeit. Das Leben ist unter der glühenden Sonne so viel erträglicher, Ihr Urlaub wird noch einmal so schön. Und lassen Sie gleiches Recht für alle gelten. Erwarten Sie nicht europäische Pünktlichkeit und Zuverlässigkeit von Ihren Gastgebern, das ist ihnen fremd, hier laufen die Uhren anders. Sie werden sich ärgern, wenn Ihren Vorstellungen nicht entsprochen wird, und Protest, wütender oder unhöflicher zumal, richtet nichts aus, sondern ruft nur Verwunderung oder Ärger hervor.

Free Drinks

Auf vielen Inseln werden Bootsfahrten zu bestimmten Sehenswürdigkeiten angeboten, oder Sie machen auch nur eine Fahrt ins Blaue. Oft sind es nachgebaute »Piratenschiffe«, die in See stechen, manchmal auch ein zweistöckiger Katamaran oder eine andere schiffsähnliche Kuriosität. Wenn ein solches Unternehmen mit »Tanz an Bord« wirbt und damit, daß alle Getränke im Preis inbegriffen seien, sollten Sie einmal das heimkehrende Schiff begutachten, bevor Sie selbst buchen. Oft arten diese Fahrten nämlich in wüste Gelage aus – kostenloser Alkohol scheint unwiderstehlich zu sein. Die von Bord torkelnden Passagiere bieten ein erheiterndes, manchmal auch ein erschreckendes oder mitleiderregendes Bild.

Relax!

Die gelassene, fast anarchistische Grundeinstellung der Insulaner zeigt sich unter anderem darin, daß sie wenig geneigt sind, Fahrpläne als eine göttliche Offenbarung zu betrachten. Wenn die Fähre nicht planmäßig um zehn Uhr fährt, sondern erst mittags, nutzt man die gewonnene Zeit eben für ein Schwätzchen. Und wenn der Inseldampfer schon eine Stunde vor der angegebenen Zeit mit dem Beladen fertig ist, fährt er halt los. Wer dann nicht an Bord ist, nimmt den nächsten. Die Busse haben erst gar keinen Fahrplan. Und die kleinen Fluglinien, die zwischen den Inseln verkehren, tun es ihnen nach. Ein bösartiges Wort erläutert die Abkürzung LIAT als »Leave Island Any Time«.

In diesem Register finden Sie alle Orte und Sehenswürdigkeiten.

Orte

Sehenswürdigkeiten

Was bekomme ich für mein Geld?

Auf den englischsprachigen Kleinen Antillen ist die übliche Währung der *East Caribbean Dollar* (EC-$), auf den französischen Inseln der *Franc* (FF), auf den holländischen Inseln der *Nederlandse Antillengulden* (NAf) und auf Barbados der *Barbados-Dollar* (BDS-$). Der US-$ wird aber überall und gerne als Zahlungsmittel genommen. Auf den Virgin Islands ist er das einzige Zahlungsmittel (auch auf den British Virgin Islands!). 1 US-$ entspricht etwa EC-$ 2,70 und BDS-$ 1,97. Die Kaufkraft des US-$ entspricht auf den Kleinen Antillen etwa einer Deutschen Mark. Die Karibik ist also keineswegs ein billiges Reiseland.

Der Flug von Frankfurt nach Antigua kostet 1800 bis 2100 Mark. Ein vier Wochen lang gültiger Air-Paß kostet bei LIAT 625 Mark, bei BWIA 646 Mark. Die *Departure Tax* (Flugsteuer) auf den Inlandflughäfen bewegt sich um die 15 bis 20 Mark. Leihwagen kosten pro Tag etwa 50 bis 100 Mark zuzüglich Benzingeld und Versicherung. Busfahrten sind selten teurer als 1,80 Mark. Wenn Sie Souvenirs kaufen möchten, müssen Sie für eine Flasche Mount Gay Rum etwa 15 Mark rechnen, für 25 Havannas um die 120 Mark.

Das Trinkgeld in Restaurants sollte etwa 15 Prozent des Rechnungsbetrages ausmachen, andere Dienstleistungen sollten mit etwa 1–2 US-$ honoriert werden.

Stand der Preise: von 1991.

DM	US $	US $	DM
1	0,56	1	1,80
2	1,11	5	9,--
3	1,67	10	18,--
4	2,22	20	36,--
5	2,78	30	54,--
10	5,56	40	72,--
20	11,11	50	90,--
25	13,89	75	135,--
30	16,67	100	180,--
40	22,22	200	360,--
50	27,78	300	540,--
75	41,67	400	720,--
100	55,56	500	900,--
200	111,11	1.000	1.800,--
250	138,89	2.000	3.600,--
300	166,67	2.500	4.500,--
500	277,78	5.000	9.000,--
750	416,67	10.000	18.000,--
1.000	555,56	50.000	90.000,--
2.000	1.111,11	75.000	135.000,--

Die Karibik ist kein ganz billiges Urlaubsziel, da kann ein Essen im Fast-food-Restaurant die Kasse schonen